이유가 있어서
진화
했습니다

이유가 있어서 진화 했습니다

가와사키 사토시 지음 | 기무라 유리 감수 | 조민임 한국어판 감수 | 고경옥 옮김

봄나무
Bomnamu Publishers, Inc.

이야기 있어서 진화했습니다

시작하며

동물원에서 인기가 많은 동물로 기린과 코끼리, 사자와 판다 등을 꼽을 수 있죠. 이처럼 오늘날까지 살아 있는 동물을 '현생 동물'이라고 합니다. 동물원에서는 전 세계에서 모인 현생 동물을 만날 수 있습니다. 이런 현생 동물이 아니더라도 도감이나 박물관 등을 통해 멸종해 버린 동물들도 만날 수 있는데요, 쉽게 접할 수 있는 공룡 도감에서 특히 인기 많은 동물은 '티라노사우루스'나 '트리케라톱스'입니다. 공룡처럼 먼 옛날에 살았던 동물을 다루는 도감에서라면 매머드나 검치호랑이와 같은 빙하기에 멸종한 포유류가 익숙할지도 모르겠습니다. 이미 멸종해 버린 공룡과 빙하기의 포유류는 인류의 역사 이전에 살았던 동물입니다. 지층에 묻힌 화석으로 이들의 존재를 조금 살펴볼 수 있지만, 현생 동물처럼 살아 있는 모습 그대로 만날 수 없습니다. 아주 먼 옛날, 지구에 살았지만, 오늘날에는 그 흔적으로만 볼 수 있는 이런 동물을 '고생물'이라고 합니다. 현생 동물과 고생물은 수없이 바뀌는 환경에 맞추어 살아왔습니다.

이 책에서는 현생 동물과 고생물을 따로 나누지 않고 똑같은 흐름에서 소개합니다. 이를테면 오늘날의 목이 긴 기린과 목이 길어지기 전 사슴처럼 생긴 기린의 조상이 함께 등장합니다. 지구에 사는 여러 동물의 다양성은 진화와 멸종이 반복한 결과입니다. 또 지금은 사라져 버린 고생물에서 이어져 온 것이죠. 그 기나긴 과정을 순서대로 생생하게 그려 볼 수 있도록 생물의 계통을 구분하여 소개했습니다.
1장에서 3장까지는 우리 주변의 '포유류'를 다룹니다. 4장에서는 계통이 다른 '파충류'와 '조류'를 다룹니다. 5장에서는 '어류'와 '양서류'를 살펴봅니다.
변덕스러운 환경에서 살아남으려 치열하게 진화한 먼 옛날의 동물들. 그리고 진화를 거듭해 살아남은 동물들. 그들의 이야기를 전혀 모른 채 박물관에 방문한다면 그저 지루할 수밖에 없을지도 모르겠습니다. 지금부터 이 책을 통해 동물들이 왜 그렇게 진화했는지 재미있는 여행을 함께 떠나 볼까요?

가와사키 사토시

감수의 글

어린이 여러분, 이렇게 좋은 책으로 만나 반갑습니다.
《이유가 있어서 진화했습니다》는 제목 그대로 척추동물의 진화와 관련 있는 내용을 다루고 있습니다. 이 책은 막연하게만 생각해 어려웠을 척추동물의 진화 이야기를 어린이들의 눈높이에 꼭 맞춰 흥미진진하게 구성한 책입니다.
어린이 여러분은 지구가 몇 살인지 알고 있나요? 정답은 46억 살입니다. 나이만큼 정말 어마어마하게 긴 시간을 살아온 지구에는 무수히 많은 동물과 식물이 나타났다가 사라지기를 반복하였습니다. 지금 우리와 함께 살고 있는 이 동물들과 식물들은 지구의 탄생과 함께 나타난 생물들이 아닙니다. '46억 년'이라는 시간을 보내면서 현재 지구 환경에 적응한 동물들과 식물들만이 살아남아 있는 것이지요. 우리 인간도 그 가운데 한 종이랍니다. 그렇다면 그전에 살았던 동물들과 식물들은 어떻게 되었을까요? 맞아요, 거의 멸종하였습니다.
46억 년 동안 지구에는 다섯 번의 '대멸종'이 있었습니다.

책에서도 다루고 있듯이 다섯 번째 대멸종은 지구에 운석이 떨어지면서 일어난 멸종 사건이라고 보고 있답니다. 물론 추측일 뿐이지만요. 이 시기에 공룡과 함께 지구에 살고 있던 많은 동물과 식물이 사라지고 맙니다. 하지만 멸종하지 않고 살아남은 동물들과 식물들이 있었기에 지금 우리는 다양한 생물과 함께 살아가고 있는 것입니다. 그렇다면 지금 살고 있는 동물들은 처음부터 똑같은 모습을 하고 있었을까요? 그렇지 않답니다.

옛날에 살았던 동물들은 우리가 상상하기 어려울 정도로 특이한 모습을 한 동물들이 정말 많습니다. 이렇게 특이한 모습들은 지금까지 발견된 화석을 통해 알 수 있습니다.

책에 등장하는 동물들이 지금의 모습이 될 때까지 어떠한 모습을 거쳐 진화해 왔는지 관찰해 보세요. 또 화석에 관심이 많은 친구가 있다면 자연사 박물관을 방문하여 실제로 이 책에 등장하는 동물들의 화석을 직접 만나 보는 것도 많은 도움이 될 것입니다.

조민임 드림

이유가 있어서 진화했습니다

차례

- 시작하며   6
- 감수의 글   8
- 본문 구성   13
- 지구의 탄생 후 땅의 이동 모습과 각 시대에 살았던 동물   14
- 동물의 진화와 계통   26

1장
기린과 고래가 친척? — 경우제목 이야기

- **기린 종류, 이렇게 진화했다!** 30
  프롤리비테리움 32 | 사모테리움 34 | 시바테리움 36 | 오카피 38 | 기린 40

- **낙타 종류, 이렇게 진화했다!** 42
  프로틸로푸스 44 | 포에브로테리움 46 | 신테토케라스 48 | 아이피카멜루스 50 | 단봉낙타 52

- **고래 종류, 이렇게 진화했다!** 54
  파키세투스 56 | 암블로세투스 58 | 바실로사우루스 60 | 범고래 62 | 향유고래 64

2장
코뿔소와 고양이는 이웃? - 로라시아상목 이야기

- 코뿔소 종류, 이렇게 진화했다! 68
  히라코돈 70 | 파라케라테리움 72 | 텔레오케라스 74 | 엘라스모테리움 76 | 흰코뿔소 78
- 궁금한 이야기 1 80
- 진화 동물 QUIZ 81
- 고양잇과, 이렇게 진화했다! 84
  프로아일루루스 86 | 호모테리움 88 | 스밀로돈 90 | 치타 92 | 사자 94
- 궁금한 이야기 2 96
- 진화 동물 QUIZ 97
- 이 동물 VS 저 동물 - 거대 쥐의 옛날과 오늘날 100

3장
코끼리와 나무늘보가 헤어진 사연은?
- 아프로테리아상목과 빈치상목 이야기

- 코끼리 종류, 이렇게 진화했다! 104
  포스파테리움 106 | 플라티벨로돈 108 | 스테고돈 110 | 털매머드 112 | 아프리카코끼리 114
- 이 동물 VS 저 동물 - 듀공의 옛날과 오늘날 116
- 이 동물 VS 저 동물 - 아르마딜로의 옛날과 오늘날 118
- 궁금한 이야기 3 120
- 진화 동물 QUIZ 121
- 궁금한 이야기 4 124

4장
공룡은 멸종하지 않았다? - 조류와 공룡, 파충류 이야기

- **조류, 이렇게 진화했다!** 128
  시조새 130 | 시노사우롭테릭스 132 | 미크로랍토르 134 | 티라노사우루스 136
  오비랍토르 138 | 물총새 140
- **궁금한 이야기 5** 142
- **이 동물 VS 저 동물** - 펭귄의 옛날과 오늘날 144
- **이 동물 VS 저 동물** - 비둘기의 옛날과 오늘날 146
- **거북 종류, 이렇게 진화했다!** 148
  에오린크오킬리스 150 | 오돈토켈리스 152 | 아르켈론 154 | 장수거북 156
  갈라파고스땅거북 158
- **악어 종류, 이렇게 진화했다!** 160
  헤스페로수쿠스 162 | 메트리오린쿠스 164 | 카프로수쿠스 166 | 스토마토수쿠스 168
  인도악어 170
- **이 동물 VS 저 동물** - 거대 도마뱀의 옛날과 오늘날 172
- **뱀 종류, 이렇게 진화했다!** 174

5장
물에서 살 것인가, 땅에서 살 것인가?
- 양서류와 어류 이야기

- **양서류, 이렇게 진화했다!** 178
- **이 동물 VS 저 동물** - 개구리의 옛날과 오늘날 180
- **육기어류, 이렇게 진화했다!** 182
- **이 동물 VS 저 동물** - 실러캔스의 옛날과 오늘날 184
- **상어 종류, 이렇게 진화했다!** 186
  클라도셀라케 188 | 아크모니스티온 190 | 헬리코프리온 192 | 주름상어 194 | 고래상어 196

- **용어 설명** 198   - **찾아보기** 203

본문 구성

❶ 이름
한국에서 쓰이는 표준 명칭입니다. 우리말 이름이 있는 동물은 우리말로 표기했으며 없는 동물은 학명에 따라 익숙한 표기로 나타냈습니다.

❷ 동물의 기본 정보
- **길이** : 코끝에서 꼬리 끝까지의 길이를 전체 길이, 코끝에서 꼬리가 달린 부분까지를 몸길이, 땅에서 어깨까지를 어깨높이, 날개를 펼친 몸길이, 등딱지의 길이를 따로 나타냈습니다.
- **분류** : 속해 있는 분류군의 명칭입니다.
- **서식지** : 사라진 동물은 화석이 발견된 장소, 살아 있는 동물은 주로 사는 곳을 나타냈습니다.

❸ 해설
동물의 기원에서 오늘날에 이르는 멸종과 진화의 이야기를 다룹니다. 각 동물이 어떤 특징이 있는지도 자세히 설명합니다. 중간중간 어려운 용어는 책 198쪽의 '용어 설명'을 참고하세요.

❹ 언제 살았을까?
화석이 발견된 지층의 시대를 나타냅니다. 또 그 무리와 종류가 지구의 긴 역사에서 어느 시대에 나타나 살았는지 색으로 나타냈습니다. 옅은 색은 그 종류의 기원에서 현재까지, 진한 색은 살았던 기간을 보여 줍니다.

❺ 그림과 함께 동물의 특징이 두드러지는 곳에 지시선과 설명을 제시합니다.

화석으로 동물이
살았던 시대를 알 수 있을까?

지구의 탄생 후 땅의 이동 모습과 각 시대에 살았던 동물

지층은 긴 세월에 걸쳐 흙과 모래, 화산재와 생물의 사체 등이 쌓여서 생긴 층입니다. 지층의 어떤 부분에서 화석이 나왔는지에 따라 동물이 살았던 시대를 알아낼 수 있습니다. 지층에서 나온 화석으로 시대를 구분한 지질 시대는 동물과 식물의 번성과 멸종을 이해하는 기준이 되고 있습니다. 각각의 시대에 지구는 어떻게 바뀌었고 동물은 어떻게 살아 왔는지 살펴볼까요?

고생대

캄브리아기
5억 4100만~4억 8500만 년 전

캄브리아 폭발 현상으로 지구에서 갑자기 1만 종에 이르는 생물이 생겼습니다. 캄브리아기에 척추동물을 제외한 거의 모든 동물이 나타났고 주로 얕은 바다에서 살았습니다.

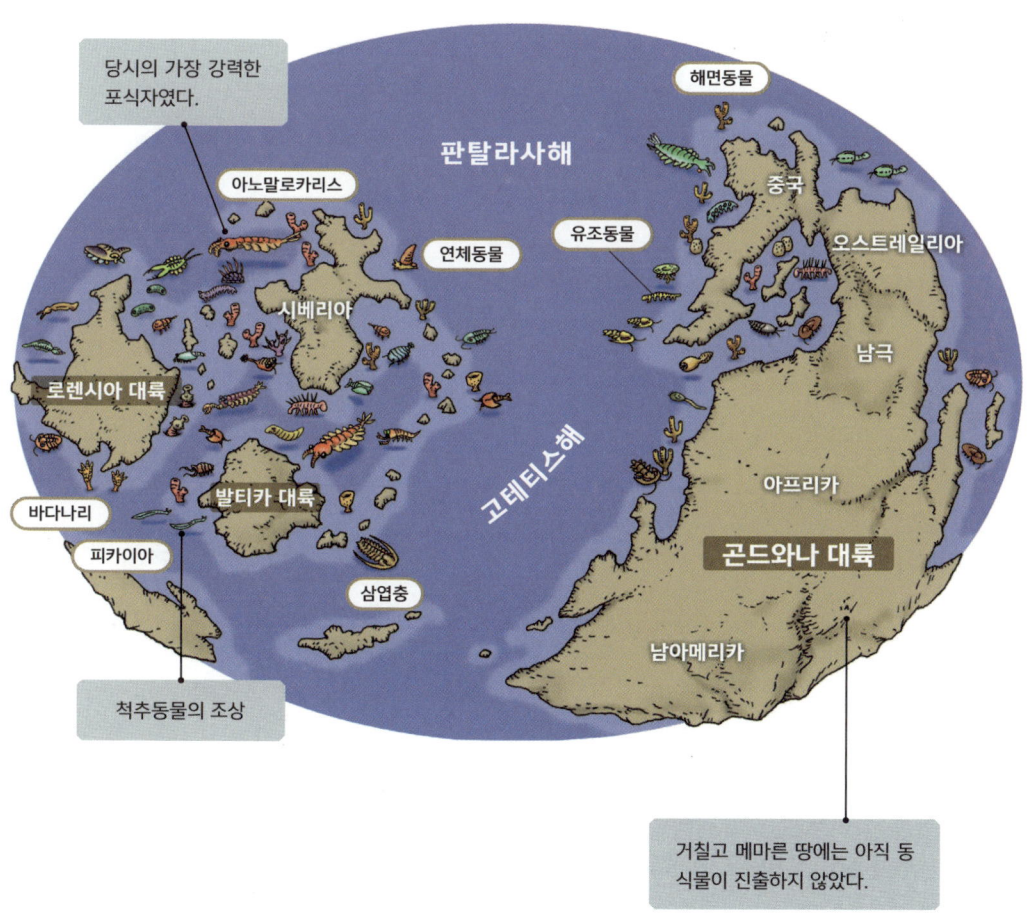

고생대

오르도비스기
4억 8500만~4억 4300만 년 전

실루리아기
4억 4300만~4억 1900만 년 전

오르도비스기 후기에 생물종의 약 85%가 사라졌습니다. 실루리아기에 오존층이 생겨 지표면에 다다르는 해로운 자외선이 줄면서 식물이 처음으로 땅에 진출했습니다.

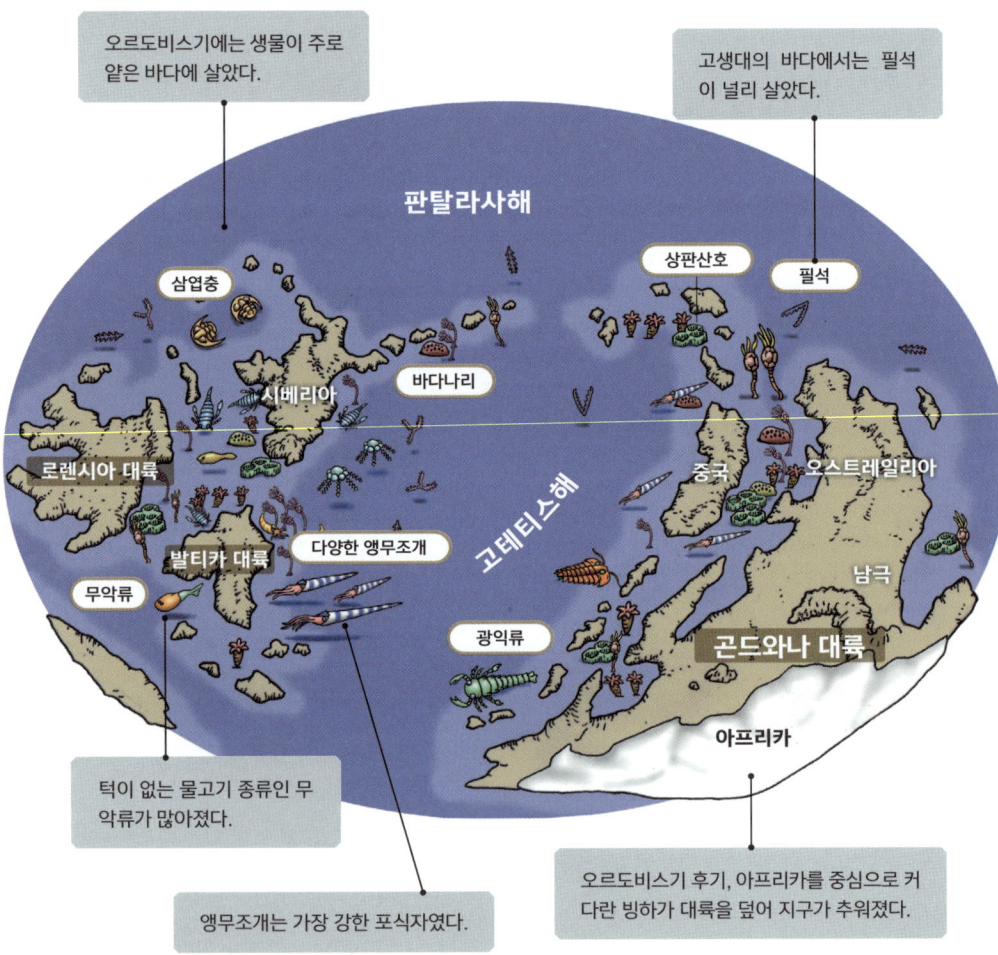

데본기

| 4억 1900만~3억 5800만 년 전

최초의 네발 동물인 양서류가 이때 나타났습니다. 그때까지 물속에만 살던 동물이 땅에 처음으로 발을 내디뎠죠. 양치식물과 종자식물도 나타나 산과 숲을 이루었습니다.

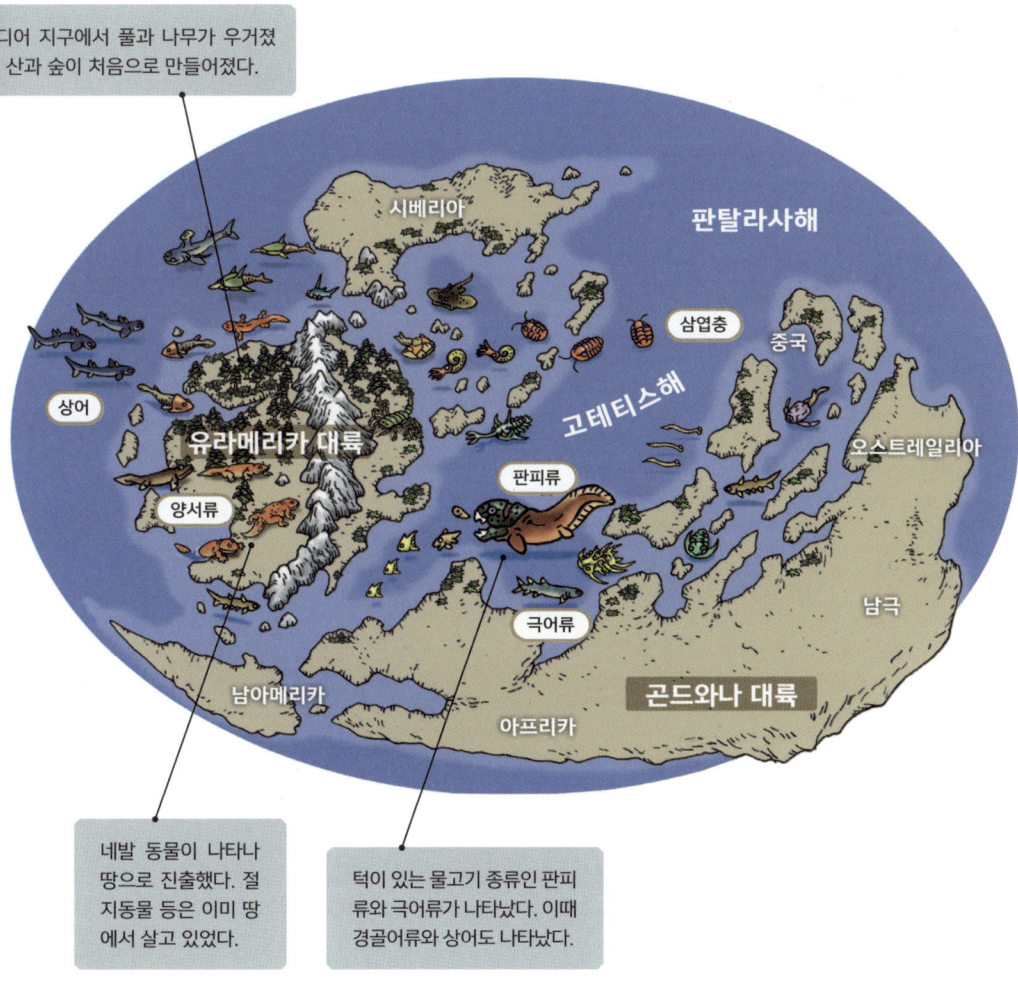

드디어 지구에서 풀과 나무가 우거졌다! 산과 숲이 처음으로 만들어졌다.

네발 동물이 나타나 땅으로 진출했다. 절지동물 등은 이미 땅에서 살고 있었다.

턱이 있는 물고기 종류인 판피류와 극어류가 나타났다. 이때 경골어류와 상어도 나타났다.

● 고생대

석탄기
3억 5800만~2억 9900만 년 전

이 시대에 파충류가 나타났습니다. 동물은 땅에 알을 낳으면서 땅으로 터전을 옮겼습니다. 석탄기는 산소 농도가 가장 높았고 커다란 곤충이 살았던 시대이기도 합니다.

페름기
2억 9900만~2억 5200만 년 전

땅에 완전히 적응한 포유류의 조상인 단궁류가 나타났습니다. 페름기 후기에는 해양 생물의 90~95%와 육상 생물의 70%가 사라졌습니다.

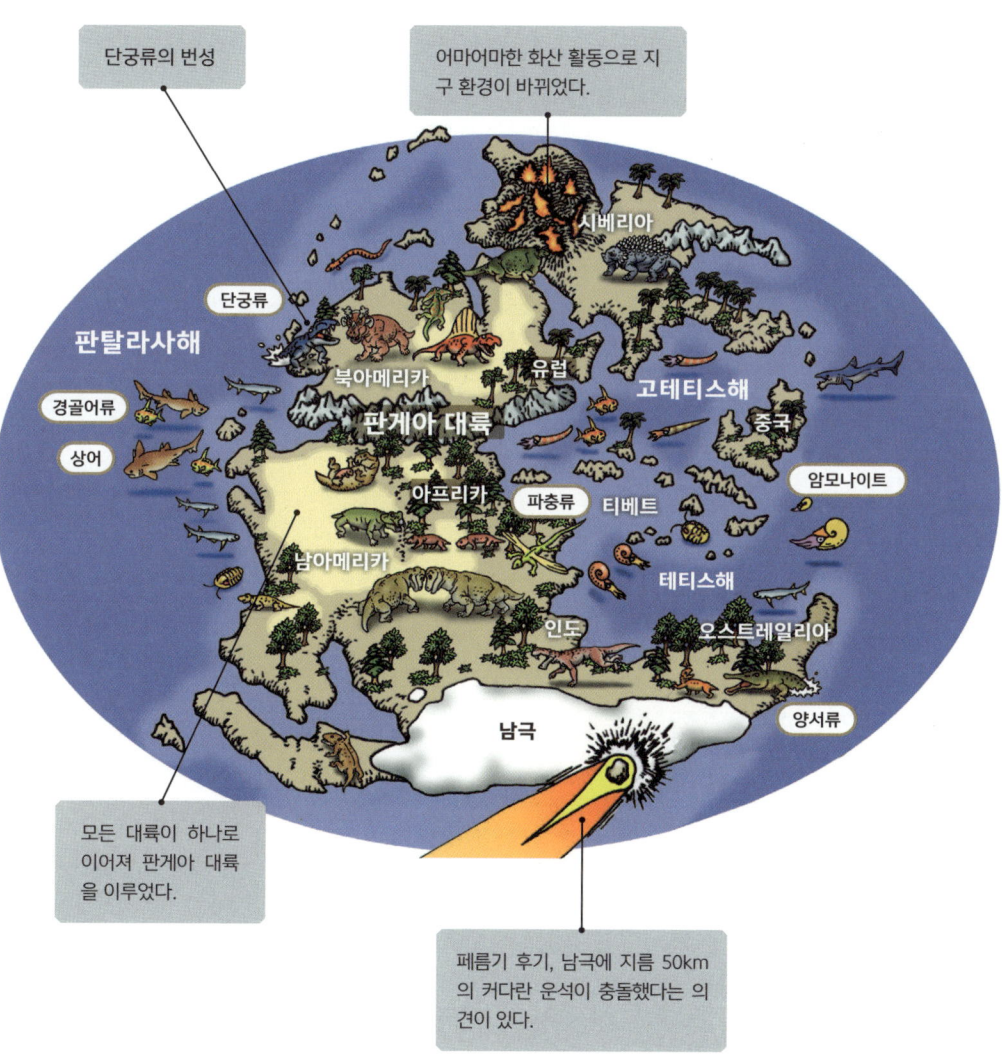

19

중생대

트라이아스기
2억 5200만~2억 100만 년 전

땅은 점점 건조한 환경으로 바뀌어 갔고 이 기온에 적응한 파충류가 번성했습니다. 트라이아스기는 공룡과 포유류가 나타난 시대이기도 합니다. 트라이아스기 후기에는 생물종의 76%가 사라졌습니다.

쥐라기

2억 100만 년 전~1억 4500만 년 전

공룡이 가장 번성했던 시대입니다. 몸이 커다란 육식 공룡과 초식 공룡이 땅에 넘쳐났습니다. 육식 공룡의 한 분류에서 진화한 조류도 이 시대에 나타났습니다.

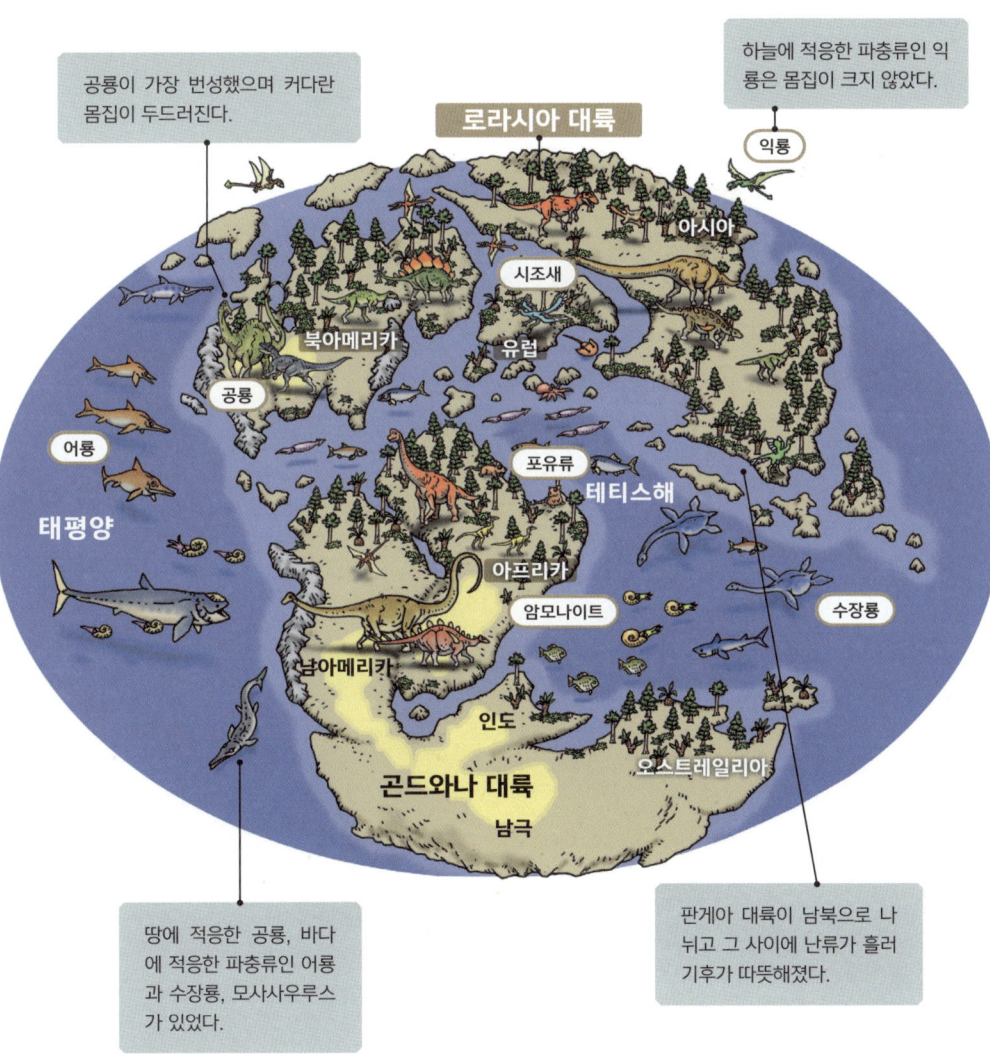

공룡이 가장 번성했으며 커다란 몸집이 두드러진다.

하늘에 적응한 파충류인 익룡은 몸집이 크지 않았다.

땅에 적응한 공룡, 바다에 적응한 파충류인 어룡과 수장룡, 모사사우루스가 있었다.

판게아 대륙이 남북으로 나뉘고 그 사이에 난류가 흘러 기후가 따뜻해졌다.

● 중생대

백악기
1억 4500만~6600만 년 전

공룡이 다양하게 진화한 시대입니다. 백악기 후기에는 공룡과 암모나이트가 모두 멸종하고 말았습니다.

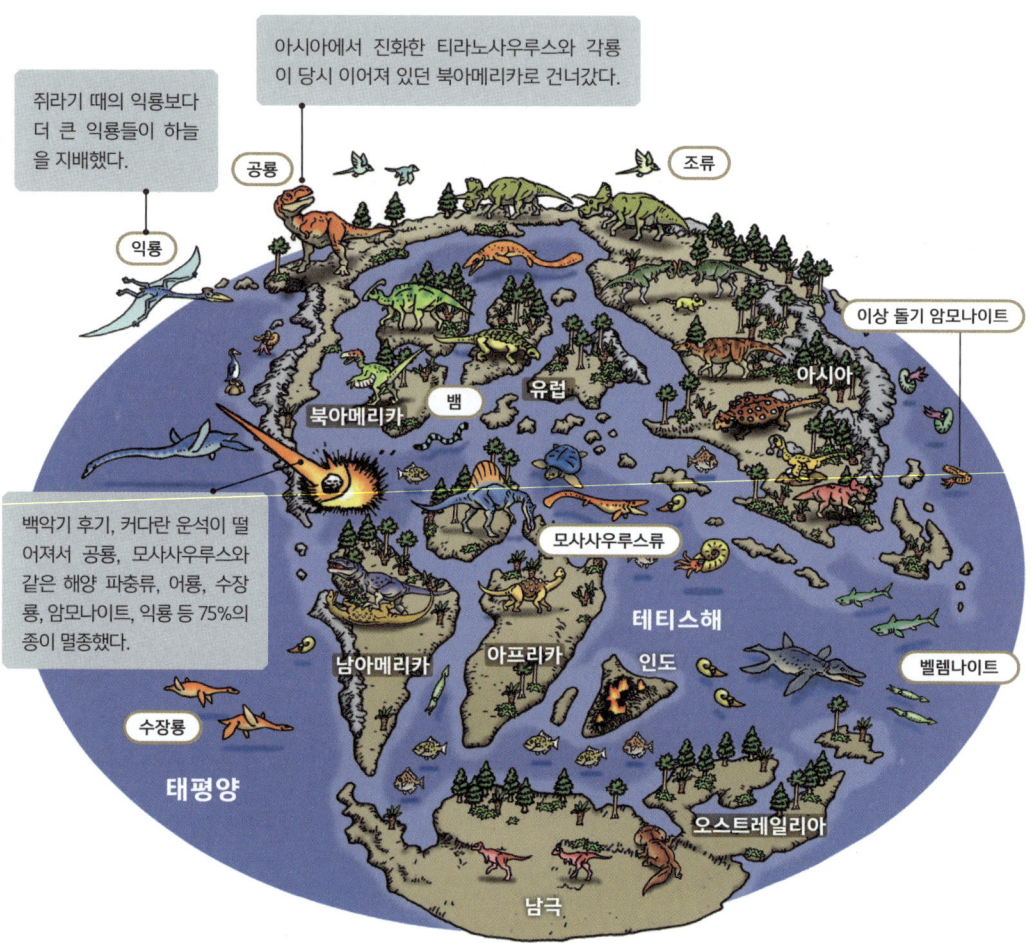

신생대

고제3기
6600만~2300만 년 전

| 팔레오세 | 에오세 | 올리고세 |

백악기 후기에 멸종한 공룡 대신 포유류가 번성해 몸집을 키웠던 시대입니다. 땅에서는 초원이 넓어졌습니다.

멸종한 공룡 대신 번성한 포유류는 점점 몸집이 커졌다.

인도와 아시아 대륙이 충돌하면서 테티스해가 사라졌다. 땅 위를 걸어 다니는 고래가 이곳에서 바다로 진출했다.

신생대 초기에 따뜻한 기후가 계속되어 남극에 빙하가 생기지 않았다.

● 신생대

신제3기
2300만~258만 년 전
| 마이오세 | 플라이오세 |

춥고 메마른 기후가 진행되면서 초원이 더욱 넓어졌습니다. 이 시대에 인류의 조상인 원인이 나타났습니다.

제4기

258만~현재
플라이스토세　　　　　　　　　　　　　　　　**홀로세**

현생 인류가 나타나 세계 곳곳에서 생활권을 넓혀 갔습니다.

25

동물의 진화와 계통

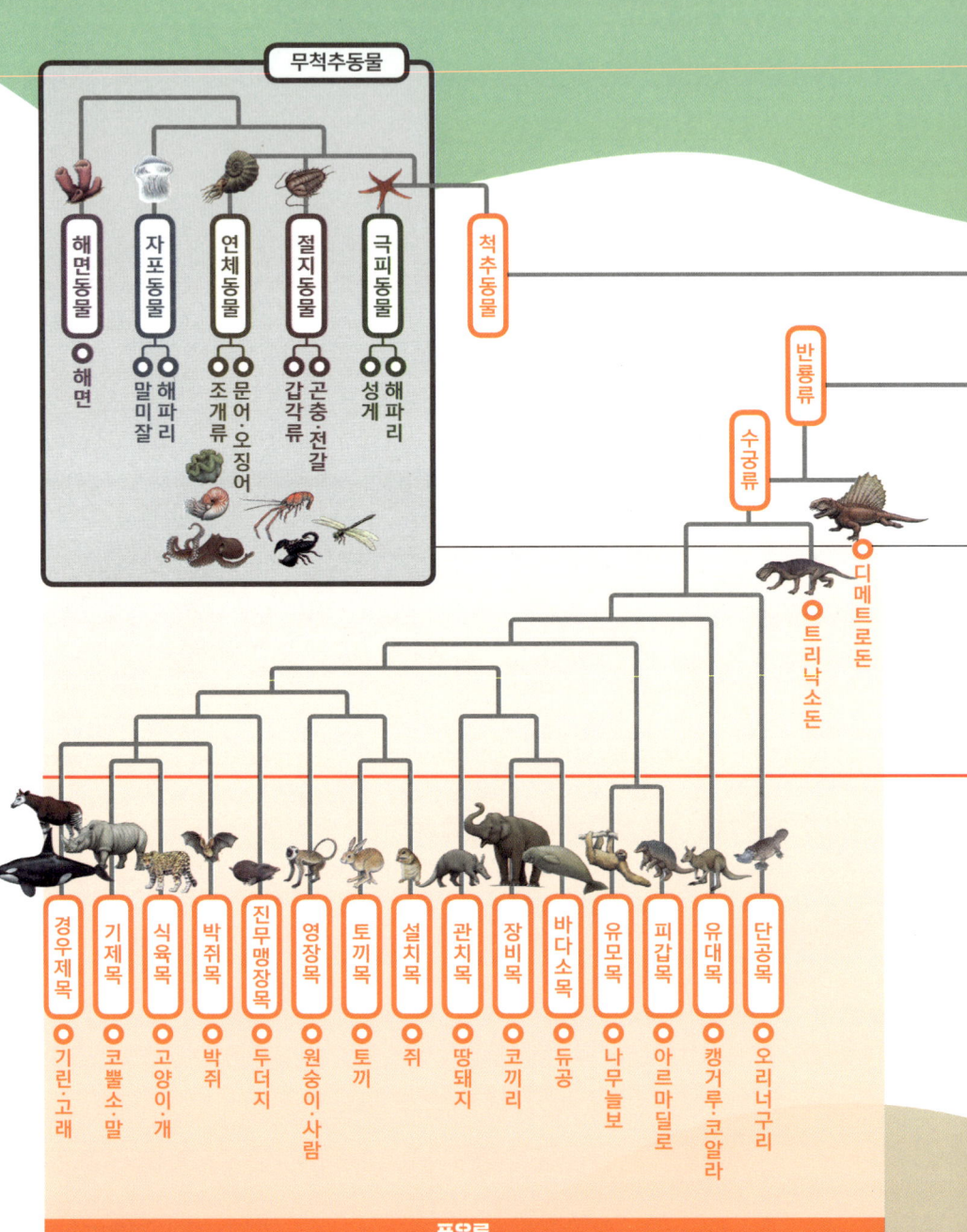

생물은 40억 년 전에 탄생한 어떤 한 생명에서 갈라져 나와 진화했습니다. 각각 환경에 적응하며 새로운 무리를 늘려 나갔죠. 이 책에 나오는 동물은 크게 척추동물로 분류됩니다. 어류는 고생대, 양서류와 파충류는 중생대, 포유류는 주로 신생대에 다양하게 진화하고 번성했습니다. 특히 중생대의 백악기와 신생대 고제3기 사이에 일어난 대대적인 멸종은 포유류의 진화와 인류의 출현으로 이어지는 커다란 계기가 되었습니다.

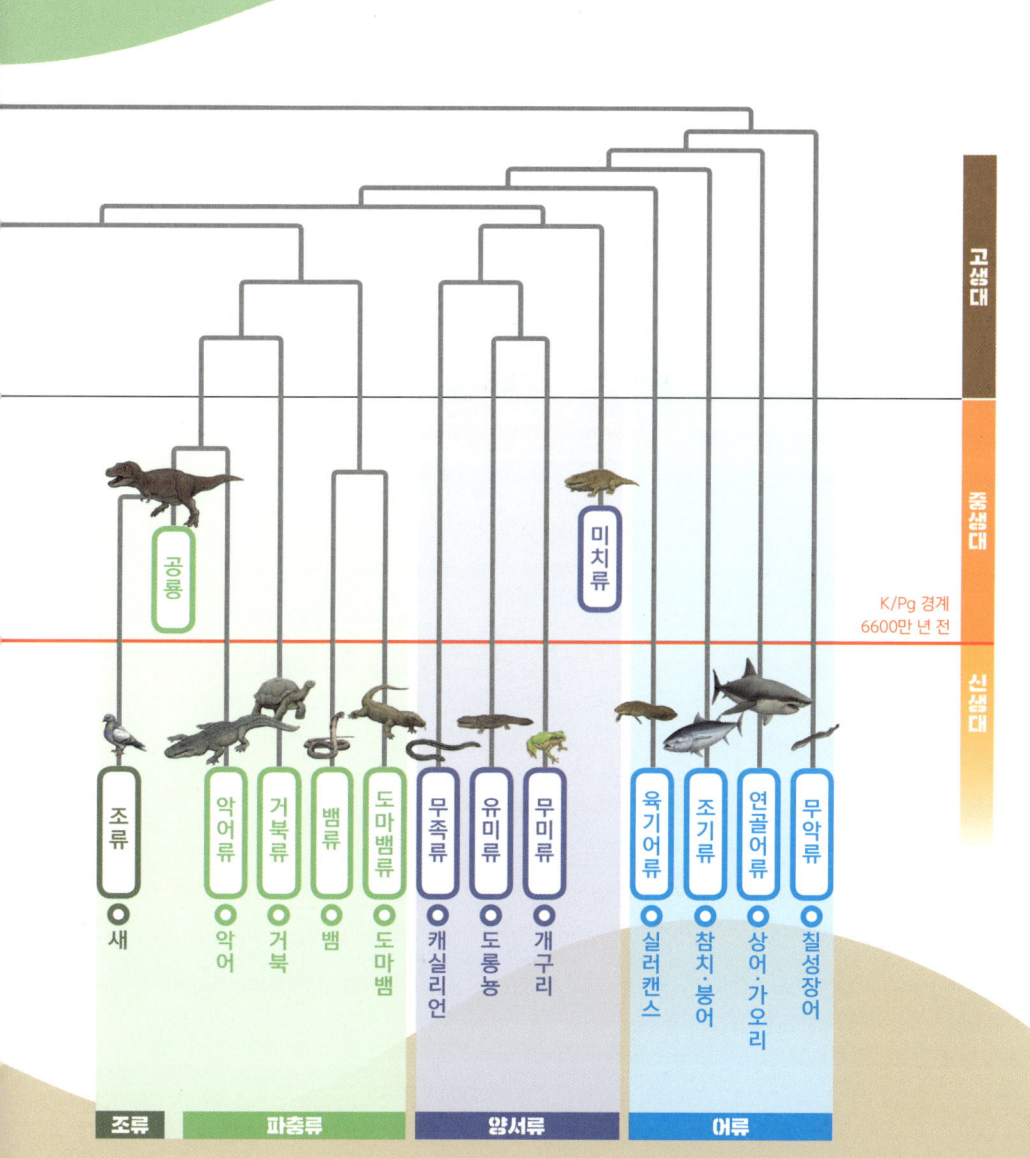

1
기린과 고래가 친척?

경우제목 이야기

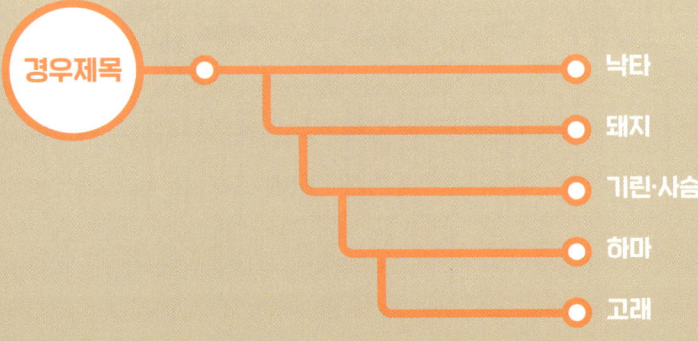

하마는 기린·낙타·소·돼지 등이 있는 '우제목'으로 분류됩니다. 이들은 2개, 4개처럼 발굽의 수가 '짝수'라는 공통점이 있는데 이렇게 짝수 발굽을 지닌 동물들을 '우제목'이라고 부릅니다. 최근에 학자들은 유전자 분석을 통해 하마와 고래가 가까운 친척 관계임을 밝혀냈습니다. 그리고 기린이나 소보다도 더 가까운 관계임이 밝혀졌죠. 이 사실로 고래를 우제목에 넣자는 새로운 의견이 등장해 '경우제목'이라는 새 이름이 생겼습니다.

육지에서 걸어 다니는 우제목이 바다에서 헤엄치는 고래와 같은 종류라니 상상하기 힘들죠? 5000만 년 전에 살았던 고래의 조상은 네 다리로 육지를 걸어 다니는 동물이었습니다. 땅에서 물로 터전을 옮기면서 걸어 다니던 다리가 헤엄칠 수 있는 지느러미로 바뀌었고 오늘날의 고래처럼 헤엄치기 알맞게 변화했죠. 바다에 사는 고래와 돌고래는 다른 경우제목이 사는 곳과 환경이 크게 달랐습니다. 결국 같은 종류라도 바뀌는 환경에서 살아남기 위해 이렇게 다른 모습으로 진화할 수밖에 없었죠.

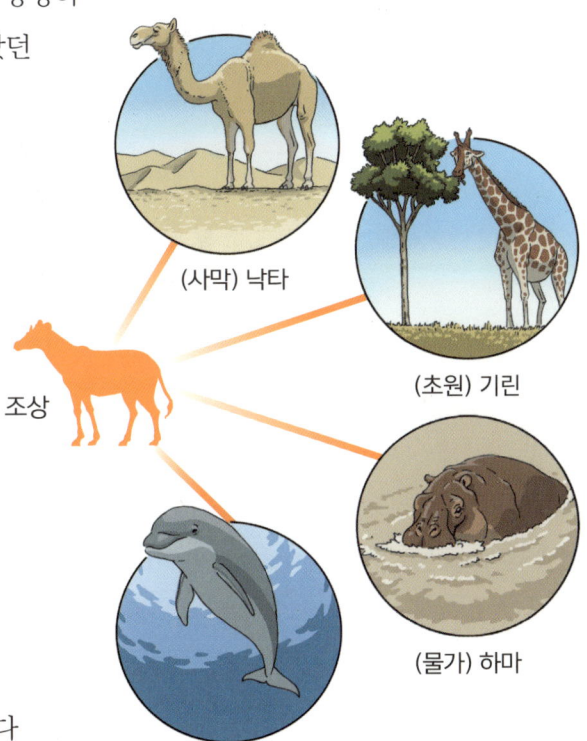

(사막) 낙타
(초원) 기린
조상
(물가) 하마
(바다) 돌고래

기린 종류, 이렇게 진화했다!

오늘날의 기린은 아프리카 사바나에 사는 기린과 밀림에 사는 오카피, 두 종류가 있습니다. 목이 길지 않은 오카피는 기린과 닮지 않은 동물입니다. 이 오카피를 처음 발견했을 때 얼룩말이나 영양의 일종이라고 여겼습니다. 1902년에 오카피의 머리뼈를 조사하고 나서야 기린의 일종임이 밝혀졌죠. 귀까지 닿는 파랗고 어두운 혀나 피부로 덮인 뿔 '오시콘'이 기린의 특징들을 보여 주었습니다.

가장 오래된 기린 종류의 조상은 1800만 년 전 숲속에 살았던 팔레오트라구스입

● 언제 살았을까?

고생대 ── 중생대 ── 신생대
　　　　　　　　　　신제3기　현재

니다. 생김새가 오카피를 닮은 초식 동물이죠. 이 시대는 기후가 추워서 숲이 줄고 초원이 넓어지고 있었습니다. 이런 환경에서 원시적인 모습으로 살아남은 동물이 오늘날의 오카피입니다. 넓어지는 초원으로 터전을 옮긴 동물들도 있었습니다. 이들이 오늘날의 기린으로 이어지는 계통입니다. 드넓은 초원을 달리기 위해 다리가 길어지고 그만큼 늘어난 몸길이에 맞게 목도 길어졌습니다. 브라마테리움이나 시바테리움처럼 목이 짧은 동물도 많았습니다. 이들은 먹이를 둘러싼 다른 초식 동물과의 경쟁에서 밀려 수가 줄어들고 말았죠. 어떤 초식 동물도 닿지 않는 높은 곳의 식물을 차지했던 목이 긴 기린만이 오늘날까지 살아남을 수 있었습니다.

이것 봐, 목이 짧고 몸집도 작아서 사슴이 아니냐고 오해받곤 하지만 난 이래 봐도 기린의 조상이라고! 내 뿔은 아주 독특한 모양이야. 딱딱한 뿔로 이루어져서 사슴의 뿔과는 다르단 말이지! 모양이 다른 이 뿔로 암컷과 수컷을 구별할 수도 있어.

수컷의 뿔은 커다란 리본 모양

뿔 4개가 사방으로 뻗은 암컷의 뿔

짧은 목

진화 ①단계 기린과 오카피의 초기 조상

독특한 뿔로 성별을 구별한

프롤리비테리움

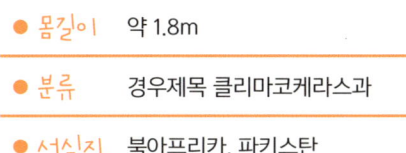

- 몸길이: 약 1.8m
- 분류: 경우제목 클리마코케라스과
- 서식지: 북아프리카, 파키스탄

1600만 년 전에 살았던 기린의 조상입니다. 오늘날의 기린과 비교하면 전혀 다른 모습에 "무슨 동물이지?" 싶을지도 모르겠습니다. 기린 종류로 분류된 프롤리비테리움은 멸종된 클리마코케라스과에 속해 있습니다. 이 동물의 머리 위에 있는 뿔을 잘 살펴보세요. 기린이 아니라 사슴을 닮았죠? 뼈가 아닌 '각질'로 이루어진 사슴의 뿔은 해마다 새롭게 자라납니다. 하지만 뼈로 이루어진 클리마코케라스과의 뿔은 새로 돋아나지 않습니다. 프롤리비테리움의 머리는 폭 35cm의 부채꼴 뿔이 좌우로 퍼져서 커다란 리본을 매단 모습입니다. 이후에는 부채꼴 모양이 아닌 프롤리비테리움의 화석이 발견되기도 했습니다. 부채꼴의 가운데가 사라지고 뿔 4개가 길쭉하게 위아래로 뻗어 있는 모양이었죠. 이렇게 다른 모양의 뿔에서 학자들은 부채꼴 모양을 수컷으로 보고 있습니다. 그 옛날, 뿔로 성별을 구별할 수 있다니 놀랍지 않나요? 오늘날의 뿔이 있는 초식 동물처럼 프롤리비테리움 수컷도 암컷에게 자신을 뽐내거나 수컷끼리 다툼에서 상대를 공격하는 데 이 뿔을 사용했을지도 모르겠네요.

● 언제 살았을까?

나무가 아주 드문드문 자란 곳에서 살았던 나는 나무들 가운데에서도 키가 큰 나무의 잎사귀를 뜯어 먹었어. 덕분에 목이 조금씩 길어졌지. 하지만 아주 길지도, 아주 짧지도 않은 길이야.

뿔은 4개

목뼈 7개에서 윗부분만 길어졌다!

진화 ②단계 기린과 오카피의 중간 조상

목뼈가 길어지기 시작한 사모테리움

- 몸길이 약 2.5~3m
- 분류   경우제목 기린과
- 서식지 아시아·유럽·아프리카

기린과 동물에는 기린과 오카피가 있습니다. 사모테리움은 이 둘의 가운데에 있는 동물입니다. 기린의 목이 아주 길어지기 전의 동물이죠. 열대림에 사는 오카피와 가까운 계통인 이 동물은 사바나에 살았습니다. 2015년, 다른 동물과 기린과 동물의 목 길이를 비교하는 연구가 발표되었습니다. 살아 있는 동물과 사라진 동물의 목뼈 길이를 폭넓게 비교한 연구 결과였죠. 예외를 빼면 포유류는 목뼈가 7개, 기린과 동물들도 7개였습니다. 목뼈 개수가 같은 동물들의 목뼈 길이를 비교하면 목의 길이를 알 수 있었기에 연구는 많은 기대를 모았습니다. 발표된 결과에서 기린은 목뼈 하나하나가 길어져 오늘날의 긴 목이 되었다는 사실이 밝혀졌죠. 조사한 사모테리움도 목뼈 윗부분이 길어지면서 목이 점점 길어졌습니다. 사모테리움보다 더 목이 긴 오늘날의 기린은 윗부분과 함께 아랫부분의 목뼈도 길었습니다. 연구를 정리하면 기린과 동물은 목의 윗부분이 먼저 길어졌고 이후에 아랫부분이 길어지며 두 단계에 걸쳐 진화했던 겁니다.

- 언제 살았을까?

고생대 — 중생대 — 신생대(신제3기 마이오세~플라이오세) — 현재 늘씬하지 않고 듬직한 내 몸은 느릿느릿 움직여. 무거운 뿔까지 달린 머리 때문에 어깨와 목이 강하고 두텁지. 난 위장도 커다랗고 몸통도 굵어. 먹이는 두 번씩 꼭꼭 씹으면서 많은 풀을 먹었어. 기린 중에서는 내가 몸무게도 제일 무겁고 덩치가 제일 클지도 몰라.

크고 넓적한 뿔

소처럼 듬직한 몸집

묵직한 뿔과 식물을 먹은 입

진화 ③단계 기린과의 조상

물소인듯 사슴인듯 **시바테리움**

- 어깨높이 : 약 2.2m
- 분류 : 경우제목 기린과
- 서식지 : 아시아·유럽·아프리카

약 1만 년 전에 멸종한 기린의 조상입니다. 화석은 아시아와 아프리카에서 두루 발견되었습니다. 시바테리움의 기준이 되는 종이 인도에서 화석으로 발견되기도 했습니다. 인도의 힌두교 최고신이자 파괴신 '시바'에서 '시바테리움(시바의 짐승)'이라는 이름이 붙었습니다.

기린의 조상이 태어난 신생대 중기는 기후가 춥고 메말라서, 숲에서 초원으로 환경이 바뀌던 시대였습니다. 숲속에 살던 동물들은 초원으로 터전을 바꿔야만 했죠. 그 과정에서 목과 다리가 길어진 기린은 초원에 듬성듬성 자란 키 큰 나무의 잎사귀를 뜯어 먹을 수 있도록 키가 크게 자랐습니다. 이런 기린과 다르게 시바테리움은 소화하기 어려운 볏과 식물을 주로 먹으며 살아갔습니다. 커다란 소화 기관을 감싸는 굵은 몸통은 소와 비슷한 특징을 보였습니다. 결국 먹이를 두고 소와 다투던 시바테리움은 경쟁에서 밀려 멸종하고 말았죠.

● 언제 살았을까?

고생대 — 중생대 — 신생대 — 현재 (신제3기 플라이오세~제4기 플라이스토세)

다리에 있는 멋진 줄무늬 덕분에 사람들은 나를 '숲속의 귀부인'이라고도 불러. 실제로 난 숲에서 조용히 살지. 머리에는 피부와 털로 뒤덮인 뿔이 있어. 뿔 말고도 귀까지 닿는 긴 청회색 혀는 쉽게 나뭇잎을 뜯어 먹게 도와줘. 이 혀로 내 눈꺼풀과 귀 안팎도 닦을 수 있지.

기린과 똑같은 뿔 오시콘

기다란 혀

오해를 불러일으킨 멋진 줄무늬

진화 ④-1단계

몰래 숨어서 살아남은 **오카피**

- 몸길이 : 약 2.5m
- 분류 : 경우제목 기린과
- 서식지 : 아프리카

1장 기린과 고래가 된다?

오카피는 자이언트판다, 피그미하마와 함께 '세계 3대 희귀 동물' 가운데 하나로 꼽힙니다. 경계심이 강해서 아프리카 밀림을 혼자 돌아다니며 사람에게 띄지 않고 살아온 덕분에 오랫동안 그 존재를 알지 못했습니다. 그러다가 1901년, 20세기에 들어서야 처음으로 알려졌습니다. 처음에는 몸과 털의 무늬를 보고 초원에 사는 얼룩말의 일종이라고 보았죠. '오카피'라는 이름은 현지 원주민의 언어로 '숲에 사는 말'을 뜻합니다. 오카피에게는 이런 뜻과 다른 부분을 찾아볼 수 있습니다. 발굽이 1개인 말과 달리 2개로 갈라진 발굽과 뿔이 돋은 머리 덕분에 기린의 일종으로 밝혀졌습니다. 오카피는 기린의 조상에 가까운 원시 동물이어서 '살아 있는 화석'이라 불리기도 합니다. 초원이 아닌 숲에 남아 자취를 감춘 채 살아온 동물이 오늘날의 오카피인 셈이죠.

● 언제 살았을까?

고생대 — 중생대 — 신생대 — **현재**

진화 ④-2단계

고혈압의 위험이 있는 기다란 목 기린

● 머리까지의 높이	약 4.3~5.7m
● 분류	경우제목 기린과
● 서식지	아프리카

기린의 학명에는 '빠르게 달리는 표범 무늬 낙타'라는 뜻이 있습니다. 커다란 덩치와 다르게 시속 50km로 달릴 수 있으니 정말 표범 무늬가 있는 낙타처럼 보였을지도 모르겠습니다. 목이 긴 기린은 높은 곳에 있는 나뭇잎을 뜯어 먹을 수 있어서 먹이 경쟁이 치열하지 않았습니다. 하지만 심장에서 2m나 높은 곳에 뇌가 있는 바람에 머리까지 피를 끌어올리려면 혈압이 높다는 약점이 있죠. 인간의 최고 혈압은 160mmHg이지만, 기린의 최고 혈압은 무려 260mmHg에 이릅니다. 기린은 이런 무시무시한 고혈압의 위험에서 대체 어떻게 살 수 있었을까요? 기린의 머리 뒷부분에 있는 그물 모양 모세 혈관 '원더네트'에 그 비밀이 있었습니다. 뇌로 이동하는 높은 혈압의 피가 원더네트를 거치면서 정상적인 혈압이 되기 때문이었습니다. 키가 큰 기린은 물을 마실 때 머리를 숙여도 필요 이상 피가 흐르지 않아서 머리를 들어도 어지러움을 느끼지 않죠.

● 언제 살았을까?

고생대   중생대   신생대   현재

낙타 종류, 이렇게 진화했다!

오늘날, 낙타의 종류에는 북아프리카에서 서아시아에 걸친 사막에 사는 단봉낙타와 중앙아시아의 사막에 사는 쌍봉낙타, 남아메리카의 안데스산맥에 사는 알파카와 라마 등이 있습니다. 낙타의 기원과 진화는 오늘날 낙타가 살지 않는 북아메리카 대륙에서 시작되었습니다. 가장 오래된 낙타의 조상은 4000만 년 전 북아메리카에 살았던 프로틸로푸스였습니다. 토끼처럼 작은 초식 동물이었죠. 직접적인 낙

● 언제 살았을까?

 타의 조상은 아니지만 사슴처럼 뿔이 달린 신테토케라스도 있습니다. 낙타의 직접적인 조상은 그 후에 나타난 '티타노틸로푸스'와 '아이피카멜루스'입니다. 기린과 비슷한 이들은 키 큰 나무의 잎사귀를 뜯어 먹었고 오늘날의 낙타처럼 영양분을 저장하는 혹이 없었습니다. 이 밖에도 소처럼 식물의 소화를 돕는 미생물이 위에 있었습니다. 이 미생물은 몸속의 오줌을 영양분 삼아 늘어났습니다. 내보내는 오줌이 적어서 혹이 없이도 수분을 몸에 저장할 수 있었습니다. 하지만 낙타의 조상들에게도 끝이 있었습니다. 1만 2000년 전, 북아메리카로 터전을 옮긴 인류에게 사냥당해 멸종했던 것이죠. 인류를 피해 아시아와 남아메리카로 건너온 일부는 오늘날의 낙타와 라마, 알파카 등의 조상으로 살아남았습니다.

발가락이 4개 달린 낙타 봤어? 그게 나야, 나! 몸집이 작은 난 숲속에서 부드러운 잎을 뜯어 먹으며 평화롭게 살았어. 주변에 숲이 많았을 때는 적들에게 띄지 않고 숨어서 잎사귀를 먹으며 살기 참 좋았는데 말야. 살던 곳이 갑자기 초원으로 바뀌니 무기도 없는 나 같은 동물은 방법이 없단 말이지. 살아남으려면 진화해야지 별수 있겠어?

매우 작은 몸집

곁발굽을 포함한 4개의 발가락

진화 ①단계

작은 몸집과 4개의 발가락 프로틸로푸스

- 몸길이: 약 80cm
- 분류: 경우제목 낙타아목 오로메릭스과
- 서식지: 북아메리카

약 4500만 년 전 북아메리카에 살았던 가장 오래된 낙타의 조상입니다. 프로틸로푸스는 발가락의 수에서 독특한 특징을 보입니다. 오늘날의 낙타는 세 번째와 네 번째만 남기고 다른 발가락이 사라져서 2개만 남아 있습니다. 이와 달리 프로틸로푸스는 발가락이 무려 4개나 되죠. 그렇다 해도 무게가 실리는 발가락은 세 번째와 네 번째 발가락이었습니다. 남은 발가락 2개는 세 번째와 네 번째 발가락 양쪽에 덧붙어 있었습니다. 이러한 발가락을 '곁발굽'이라고 부릅니다.

숲이 많았던 시대에 프로틸로푸스는 몸집이 작고 잎을 먹어서 적에게 잘 띄지 않아 살아남을 수 있었습니다. 기후가 바뀌면서 숲이 초원으로 변하자 점차 살아남기 어려워졌습니다. 이와 달리 초원에 조금씩 적응했던 다른 낙타들은 몸집을 커다랗게 키워 나갔죠.

● 언제 살았을까?

고제3기 에오세 후기

고생대 — 중생대 — 신생대 — 현재

드넓은 초원에 살아서 길어진 내 목과 다리 좀 봐!
다리가 길어지니 빠르게 달릴 수도 있었지.
난 이빨도 44개인 데다가 위턱에 앞니도 있어.
그런데 이리저리 초원을 달려서인지 발가락이 어느새
2개로 줄어 있지 뭐야?

길어진 목

오늘날의 낙타에게 없는 앞니

곁발굽이 사라지고 남은 발가락 2개

진화 ②단계

조금씩 몸집이 커지기 시작한 포에브로테리움

1장 기린과 고래가 친척?

- 어깨높이 : 약 90cm
- 분류 : 경우제목 낙타아목 낙타과
- 서식지 : 북아메리카

약 3400만 년 전의 시대는 춥고 건조했습니다. 그 당시에 낙타가 살던 북아메리카 대륙에서는 숲이 줄고 초원이 넓어지는 변화가 일어났습니다. 습하고 따뜻한 숲속에서 주로 살던 원시 낙타들은 이런 변화에 적응하지 못하고 죽어 갔습니다. 이와 달리 나무가 적은 숲이나 드넓은 초원에 적응한 낙타도 나타났죠. 그 대표적인 종류가 포에브로테리움입니다. 다리와 목이 길어져 사슴과 비슷했지만 염소만 한 몸집은 여전히 작았습니다. 오늘날, 학자들은 포에브로테리움을 낙타의 조상 또는 낙타와 아주 가까운 종류로 보고 있습니다. 당시에 널리 살았던 동물이라 화석도 많이 발견되고 있죠. 이들은 바로 전의 원시 낙타 프로틸로푸스와 조금씩 다른 점이 있습니다. 프로틸로푸스의 발가락이 곁발굽까지 모두 4개였다면 포에브로테리움은 곁발굽이 사라지고 오늘날의 낙타처럼 발가락이 2개였습니다.

- 언제 살았을까?

고제3기 에오세 후기~신제3기 마이오세 중기

고생대   중생대   신생대   현재

코끝과 정수리에 있는 독특한 뿔이 아주 멋지지?
내 뿔을 어디선가 본 것 같다고? 흥! 내 뿔은 아주아주
특별해! 이 뿔은 암컷을 유혹하는 내 보물이라고!
아, 내 매력이 뿔만이라고 생각하면 곤란해. 커다란
몸집도 다른 낙타보다 매력적이니까!

Y 자 모양의 오시콘

먹이로 부드러운 식물을 먹은 입

진화 ③단계

1장 기린과 고래가 친척?

최초로 뿔이 발달한 신테토케라스

- **몸길이** 약 2m
- **분류** 경우제목 프로토케라스과
- **서식지** 북아메리카

낙타와 자매 관계라고 할 수 있는 프로토케라스과 동물입니다. 프로토케라스과는 에오세 중기에 낙타의 조상과 거의 같은 시대에 나타나 북아메리카에서 진화하며 함께 살아온 동물입니다. 바뀌는 기후와 환경에 적응하여 다른 대륙으로 옮겨간 낙타와 다르게 이들은 멸종할 수밖에 없었습니다. 습하고 따뜻한 숲속을 좋아해서 넓은 초원의 메마른 기후에 적응하지 못했죠. 프로토케라스과는 코끝과 정수리에 솟아 있는 뿔이 특징입니다. 경우제목에서는 처음으로 뿔이 발달한 무리이기에 여기에 소개합니다. 학자들은 프로토케라스과의 뿔은 사슴이나 소와 같은 뿔이 아니라 기린처럼 피부로 뒤덮인 '오시콘'이었다고 봅니다. 신테토케라스는 프로토케라스과에서 가장 나중에 나타났지만 몸집이 가장 커다란 데다가 발달한 뿔도 있었죠. 코끝에서 길어지는 이 뿔은 끝이 양쪽으로 갈라져서 장수풍뎅이의 뿔처럼 Y 자 모양입니다. 수컷에게만 있는 이 뿔은 암컷에게는 없었습니다. 다른 프로토케라스과 동물 역시 수컷은 뿔이 발달했지만, 암컷은 뿔이 작거나 아예 없었습니다.

● 언제 살았을까?

신제3기 마이오세 후기

고생대 — 중생대 — 신생대 — 현재

몸 크기로만 보면 기린과 비슷해 보이지?
나보다 큰 낙타는 없어! 땅에서 머리까지
무려 3m나 된다니까?
날 보면 누구라도 낙타라고 생각하지 않을걸?

기린처럼 긴 목

쭉 뻗은 긴 다리

넓적한 방석처럼 발달한
발굽 뒷면

진화 ④단계

기린과 정말정말 비슷한 아이피카멜루스

- 어깨높이 : 약 2m
- 분류 : 경우제목 낙타아목 낙타과
- 서식지 : 북아메리카

1장 기린과 고래가 친척?

기후가 바뀌던 지구에서는 메마른 땅과 초원이 더욱 넓어졌습니다. 이런 환경에 맞춰 아이피카멜루스처럼 아주 커다란 낙타가 나타났죠. 큰 키로 높은 곳에 있는 나뭇잎을 뜯어 먹는 점이 기린과 비슷합니다. 이들은 커진 몸집 덕분에 초원에서 살아남을 수 있었습니다. 그런데 몸집이 크면 왜 초원에서 살기 유리한지 궁금하지 않나요? 넓게 펼쳐진 초원은 몸을 숨길 곳이 없어서 더 위험할 텐데 말이에요. '몸의 크기'에 그 비밀이 있습니다. 작은 초식 동물은 공격을 받으면 빠르게 도망치거나 무리를 이뤄서 몸을 지킵니다. 몸집이 커다란 동물은 사냥하거나 잡아먹기 쉽지 않아서 포식자들이 잘 공격하지 못한다는 점이 있죠. 기린과 비슷하게 생긴 아이피카멜루스에게서는 오늘날의 낙타와 비슷한 특징이 발견됩니다. 먼저 낙타의 발굽 뒤에 있는 방석 역할의 넓적한 판이 아이피카멜루스의 발에도 발달했습니다. 이 밖에도 같은 쪽의 앞다리와 뒷다리를 같이 움직이는 측대보도 비슷한 특징입니다. 지층에 있는 아이피카멜루스의 발자국에서 측대보가 그 증거로 확인되기도 했죠.

- 언제 살았을까?

고생대 — 중생대 — (약 2300만 년~530만 년 전) 신제3기 마이오세 — 신생대 — 현재

'사막에서 살 수 있는 동물'이라고 하면 바로 내가 떠오르지? 난 물을 마시거나 먹이를 먹지 않아도 전혀 문제없어. 무지하게 많이 먹고 마셔도 살이 찌지 않아. 모두 영양분으로 쓰거든! 덕분에 사막에서는 이동 수단이자 운반 수단으로 내가 꼭 필요해. 그래서 날 '사막의 배'라고 불러.

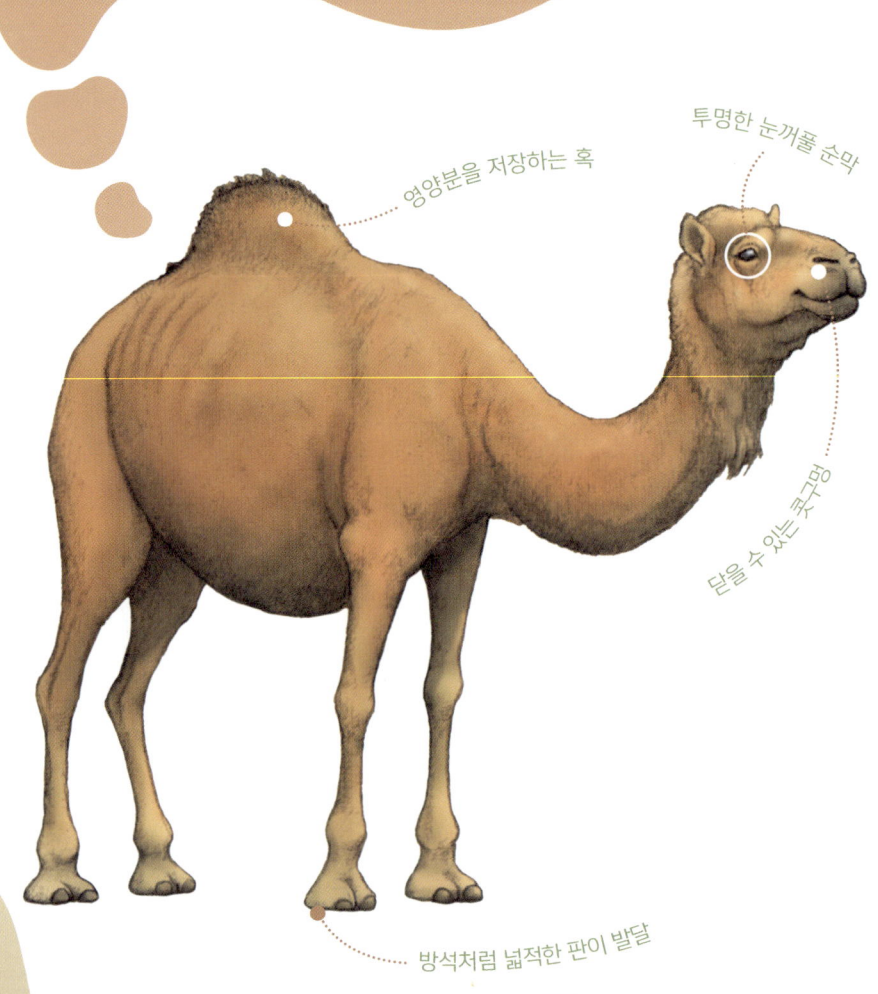

영양분을 저장하는 혹

투명한 눈꺼풀 순막

닫을 수 있는 콧구멍

방석처럼 넓적한 판이 발달

진화 ⑤단계

사막에 적응한 단봉낙타

- **몸길이**: 약 3m
- **분류**: 경우제목 낙타과
- **서식지**: 북아메리카에서 서아시아로 이동

오늘날의 낙타는 메마른 사막에서 살 수 있습니다. 낙타의 몸에는 이런 환경을 견뎌 내는 여러 대비책이 있기 때문이죠. 사막에서는 물과 먹이를 얻기가 매우 어렵습니다. 그런데 낙타는 어떻게 살 수 있는 걸까요? 낙타는 한 번 식사할 때 많이 먹어서 얻은 영양분을 지방으로 바꿔 등의 혹에 모읍니다. 이렇게 모은 지방을 먹이가 없을 때 수분이나 에너지로 바꾸면 몇 주 동안 먹지 않고도 견딜 수 있습니다. 낙타는 물도 한 번에 80L를 마실 수 있죠. 이렇게 마신 물을 혈액에 수분으로 모아 둡니다. 사막에서 거세게 몰아치는 모래 폭풍에도 낙타는 걱정 없습니다. 모래를 들이마시지 않도록 콧구멍을 닫을 수 있기 때문이죠. 눈을 덮어 주는 투명한 눈꺼풀 순막도 있습니다. 순막은 고글을 쓴 것처럼 눈을 지켜 줍니다. 발굽 뒤에 발달한 방석처럼 넓적한 판은 모래 위에서도 발이 잘 빠지지 않게 해 줍니다.

● 언제 살았을까?

고생대 — 중생대 — 신생대 — 현재

고래 종류, 이렇게 진화했다!

고래와 돌고래는 터전을 완전히 바다로 옮긴 포유류입니다. 콧구멍으로 물을 내뿜는 고래에게서 허파로 호흡하는 포유류의 특징을 알 수 있습니다. 또 고래의 조상이 '육지 동물'이라는 사실도 예상할 수 있죠. 육지에 살던 고래가 바다에서 살기 위해 진화했음을 뒷받침하는 증거는 또 있습니다. 1983년, 파키스탄 북서쪽에 있는 5200만 년 전의 지층에서 발견된 파키세투스의 화석이 그 증거였습니다. 이 화석에서 오늘날의 고래로 이어지는 특징과 함께 발 4개와 발굽이 확인되었습니다. 1994년에는 4900만 년 전의 지층에서 악어 같은 모습으로 진화한 암블로세투스의 화석이 발견되었습니다. 화석을 조사하니 강물이나 바닷물을 마시며 살았다

● 언제 살았을까?

고생대   중생대   신생대
고제3기 에오세 초기   현재

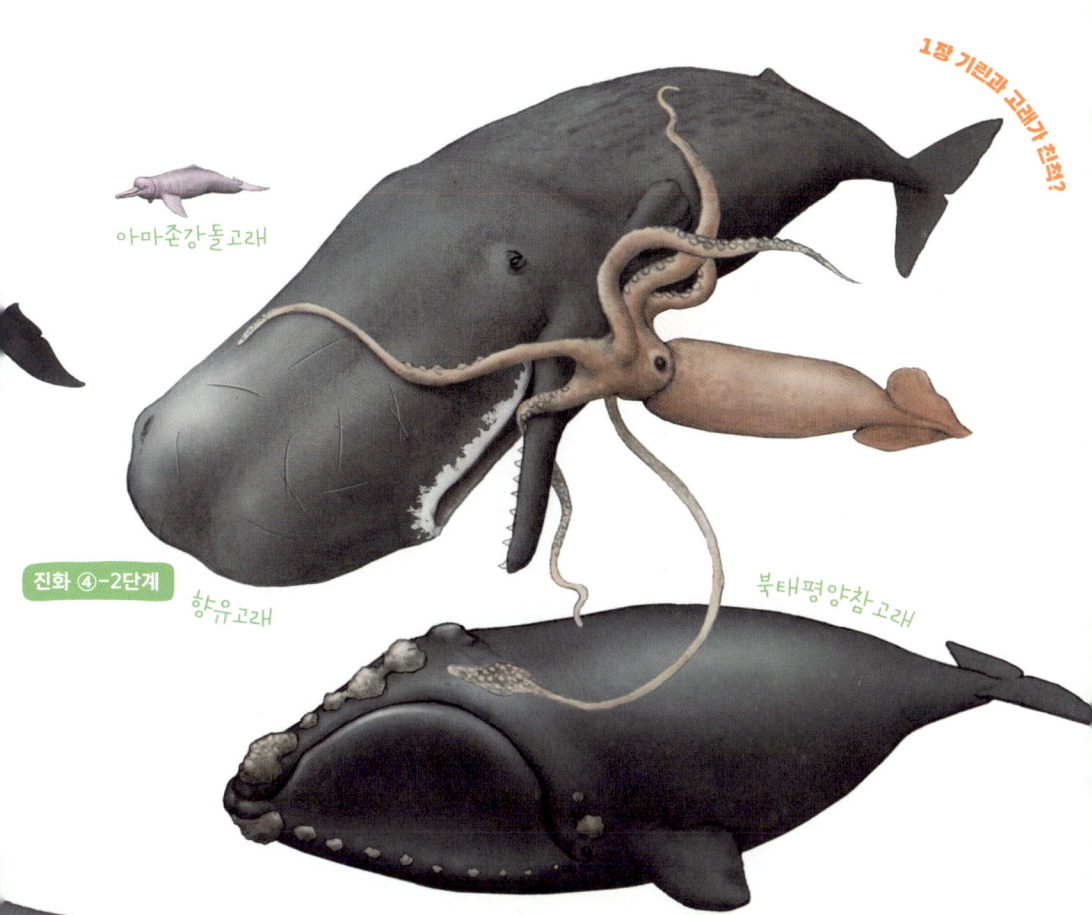

아마존강돌고래

진화 ④-2단계 향유고래

북태평양참고래

는 사실이 밝혀졌습니다. 이 무렵의 고래는 강에서 바다에 이르기까지 다양한 염도의 환경에서 살았습니다. 이후에 완전히 바다로 진출했던 고래, 몸길이가 20m가 넘는 바실로사우루스가 나타났습니다. 앞다리가 지느러미로 바뀌었고 뱀처럼 몸통이 기다란 바실로사우루스는 코끝 가까이에 콧구멍이 있어서 오래 잠수하지 못했습니다. 수면에서 호흡하도록 머리 위에 구멍이 있는 오늘날의 고래와 다르게 말이죠. 먼바다까지 헤엄치지 못했고 얕은 바다를 오가며 살았습니다. 이들 원시 고래는 바실로사우루스의 멸종을 마지막으로 사라지고 말았습니다. 이 원시 고래에서 범고래나 향유고래 같은 이빨고래류와 수염으로 플랑크톤을 걸러 먹는 북태평양참고래와 혹등고래 등의 수염고래류가 나타났습니다. 이들은 지금 전 세계의 바다를 누비며 살고 있죠.

고래처럼 안 생겼다고? 천만에, 내가 바로 고래의 조상이란 말씀! 길지는 않아도 땅을 걸어 다니는 다리가 넷이나 있어서 물과 땅을 오갈 수 있었어. 걸어 다닐 수 있는데 굳이 물속에서만 살 필요는 없잖아?

고래의 모습이 엿보이는 머리

개의 다리를 닮은 다리

진화 ①단계

네 다리로 걸어 다닌 파키세투스

- 몸길이: 약 1~2m
- 분류: 경우제목 원시고래아목 파키세투스과
- 서식지: 파키스탄, 인도

늑대만 한 크기의 파키세투스는 생김새가 개와 비슷합니다. 이제까지 알려진 가장 오래된 원시 고래가 이 동물의 진짜 정체죠. 파키세투스는 눈의 위치가 머리 위쪽으로 이동해 있고 넙적하고 튼튼한 꼬리가 있습니다. 지느러미가 아닌 다리 4개로 힘차게 땅을 걸어 다녔고 발가락에 발굽도 있었습니다. 화석이 발견된 오늘날의 파키스탄 북부와 인도 서부는 파키세투스가 살던 약 5000만 년 전 당시의 위치와 지형이 상당히 달랐습니다. 바다와 떨어진 육지였던 인도는 지금보다 훨씬 남쪽이었습니다. 인도와 아시아 사이에는 얇고 넓은 테티스해가 펼쳐져 있었습니다. 기후도 지금보다 훨씬 따뜻했던 테티스해에는 넉넉한 플랑크톤과 이를 먹이로 삼는 물고기가 많았죠. 파키세투스는 살기 좋은 테티스해를 눈앞에 두고 먹이를 찾아 가끔 바다로 들어갔기에 땅과 바다를 오가며 살았습니다. 파키세투스 외에도 네 다리로 걸어 다니던 원시 고래는 있었습니다. 이들의 화석도 인도와 파키스탄의 한정된 장소에서 잇따라 발견되고 있죠. 당시의 테티스해 연안은 고래의 조상이 물속 환경에 적응해 가는 첫걸음을 내디딘 무대였을지도 모르겠네요.

언제 살았을까?

나도 파키세투스처럼 땅과 바다를 오갈 수 있어. 다리를 오므렸다 뻗으면서 땅을 걸었거든! 물속에서는 몸통을 꿈틀거리고 다리를 파닥이며 헤엄쳤어. 헤엄치는 모습은 우스꽝스럽지만 난 걷기보다 헤엄을 더 잘 쳐.

머리 위쪽에 달린 눈

초기 고래의 이빨과 비슷한 모양

걷기보다 헤엄치기에 익숙한 네 다리

진화 ②단계

걷기보다 수영을 더 잘하는 **암블로세투스**

- **몸길이** 약 3m
- **분류** 경우제목 원시고래아목 암블로세투스과
- **서식지** 파키스탄

땅과 물속을 오가며 살던 원시 고래입니다. 1994년에 붙인 학명 암블로세투스나탄스는 '헤엄치고 걸어 다니는 고래'라는 뜻입니다. 이 학명에서 원시 고래가 땅과 물속을 오가며 살았다는 사실을 알 수 있습니다. 암블로세투스의 화석은 파키세투스와 같은 장소에서 발견되었습니다. 파키세투스가 발견된 지층보다 위에 있는 50만 년 정도 뒤에 새롭게 쌓인 지층에서 발견되었죠. 이 주변에 있던 테티스해에는 따뜻한 기후로 늘어난 플랑크톤과 이 플랑크톤을 먹는 물고기가 많았습니다. 암블로세투스 또한 파키세투스처럼 넉넉한 먹잇감을 먹으며 테티스해 연안에서 살았습니다. 이 동물은 파키세투스보다 물속에서 사는 데 익숙했습니다. 오늘날의 고래만큼 진화하지 않았지만, 땅의 네발 동물과 고래의 중간 모습을 보이고 있죠.

- 언제 살았을까?

고제3기 에오세 전기~중기

고생대　　중생대　　신생대　현재

커다란 몸보다 훨씬 작은 머리

바다뱀처럼 길쭉한 몸

원시 고래 가운데 물속에서 가장 잘 적응한 동물이 바로 나야. 내 몸집은 엄청나게 크지만 머리는 아주아주 작아. 언뜻 보면 기다란 바다뱀처럼 생겼다고 생각할걸? 다른 녀석들보다 물속에서 사는 데 익숙하긴 하지만 솔직히 수영이나 잠수는 자신 없어. 그래서 주로 얕은 바다에서 살았지.

진화 ③단계

바다를 개척한 포유류 바실로사우루스

1장 기린과 고래가 친척?

- **몸길이** 약 10~20m
- **분류** 경우제목 원시고래아목 바실로사우루스과
- **서식지** 아메리카·북아메리카·뉴질랜드·남극의 시모어섬

원시 고래는 테티스해 연안에서 땅과 바다를 오가며 살았습니다. 그 뒤로 물속에 더 적응하여 바다를 터전으로 삼은 종류가 바실로사우루스입니다. 바실로사우루스의 화석은 세계 곳곳에서 발견되고 있습니다. 바실로사우루스는 큰 몸과 달리 두개골은 1.5m밖에 되지 않고 오늘날의 고래와 비교해서 머리가 매우 작습니다. 몸통은 길고 늘씬해서 커다란 바다뱀과 같은 모습입니다. 화석이 발견됐을 때 거대한 파충류라 하여 '도마뱀의 왕'이란 뜻의 '바실로사우루스'라는 이름이 붙었습니다. 이 동물에게 오늘날의 고래에서 볼 수 없는 엉덩뼈와 뒷다리의 지느러미가 있었습니다. 또 주둥이의 중간에 콧구멍이 있는 등 원시적인 특징들을 보입니다.

작게 남아 있던 뒷다리

- **언제 살았을까?**

(약 4000~3500만 년 전) 고제3기 에오세 후기

고생대 — 중생대 — 신생대 — 현재

우리는 5~30마리가 무리 지어 이동해. 다른 고래들보다 똑똑해서 함께 힘을 합쳐 바다표범을 잡아먹거나 무시무시한 백상아리를 공격하기도 하지. 나는 고래이지만 상어보다 무서운 존재야. 바다에서 나를 위협할 만한 적들은 없는 셈이지!

- 상어처럼 보이는 지느러미
- 힘을 합쳐 사냥할 만큼 똑똑한 두뇌
- 시속 60km의 수영 실력을 뽐낸다!

진화 ④-1단계

똑똑한 바다의 사냥꾼 범고래

- **전체 길이** 약 6m
- **분류** 경우제목 이빨고래아목 돌고랫과
- **서식지** 전 세계의 바다

이빨고래의 일종인 범고래는 오늘날의 바다에서 적이 없습니다. 먹이 사슬의 맨 위층에 있는 동물이죠. 또 헤엄치는 속도가 무려 시속 60km에 이르러 포유류에서 가장 빠르게 헤엄친다고도 알려져 있습니다. 자신보다 커다란 고래를 공격해 영어로 '킬러 웨일'이라고 불리기도 합니다. 이 밖에도 바다표범·펭귄·상어·오징어·물고기 등 다양한 종류를 잡아먹습니다. 범고래마다 좋아하는 먹이가 다르며 편식하는 범고래도 있습니다. 지능이 높은 범고래는 사냥감에 따라서 다른 사냥 방법을 씁니다. 해수면에 떠다니는 얼음 위의 바다표범을 사냥할 때는 무리가 함께 파도를 일으켜서 얼음을 흔듭니다. 바닷새를 잡아먹을 때는 해수면에 작은 물고기를 뱉어 내 유인합니다. 백상아리를 공격할 때는 몸통을 뒤집으면 의식을 잃는 점을 이용하기도 하죠. 범고래는 어미가 중심인 가족 단위로 살아서 의사소통과 사회성이 좋습니다. 그들은 자신들의 사냥 방법을 새끼 범고래에게 가르쳐 정보를 나누기도 합니다.

- **언제 살았을까?**

고생대 — 중생대 — 신생대 — 현재

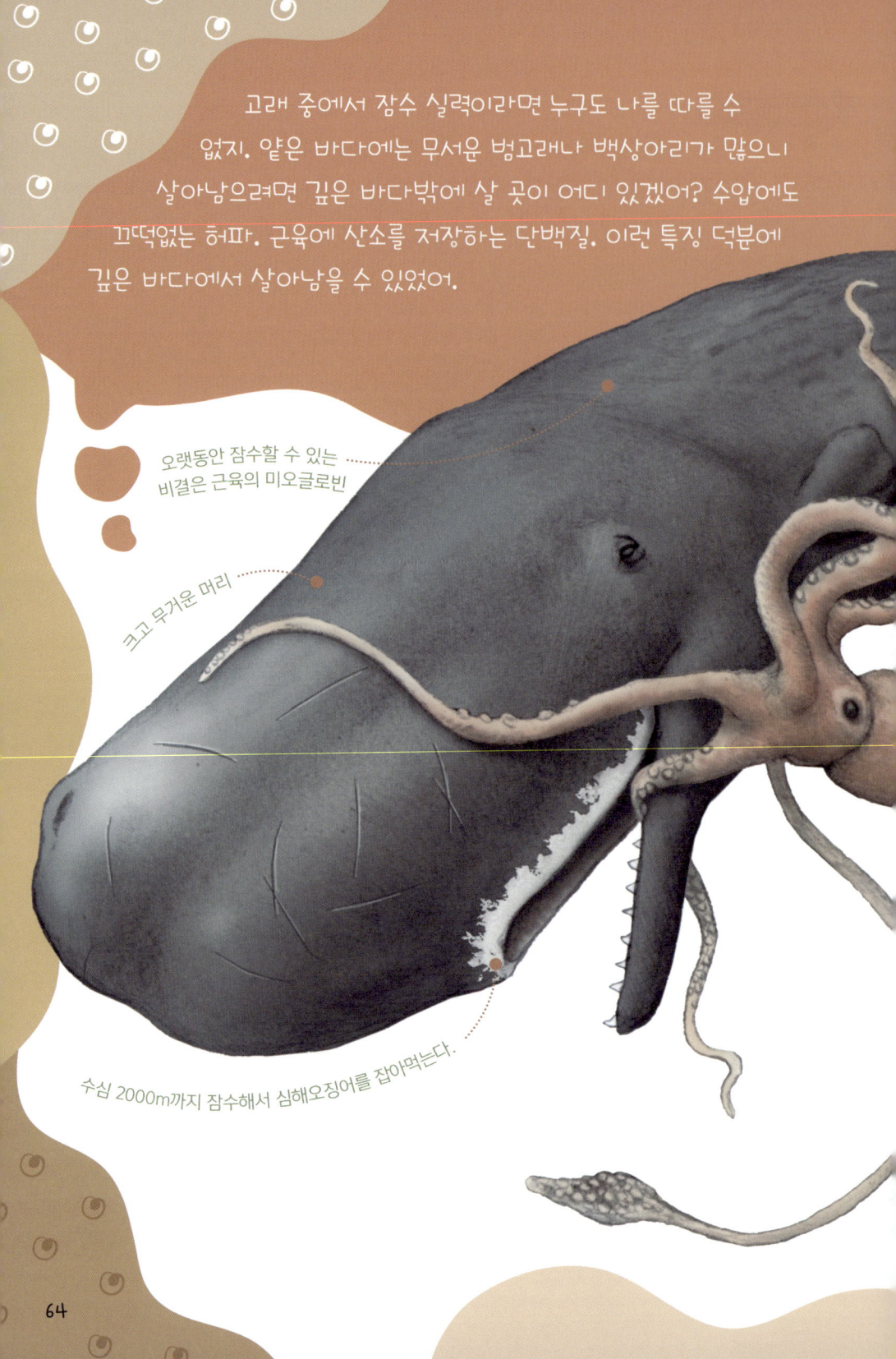

고래 중에서 잠수 실력이라면 누구도 나를 따를 수 없지. 얕은 바다에는 무서운 범고래나 백상아리가 많으니 살아남으려면 깊은 바다밖에 살 곳이 어디 있겠어? 수압에도 끄떡없는 허파, 근육에 산소를 저장하는 단백질, 이런 특징 덕분에 깊은 바다에서 살아남을 수 있었어.

오랫동안 잠수할 수 있는 비결은 근육의 미오글로빈

크고 무거운 머리

수심 2000m까지 잠수해서 심해오징어를 잡아먹는다.

진화 ④-2단계

심해가 터전인 유일한 포유류 향유고래

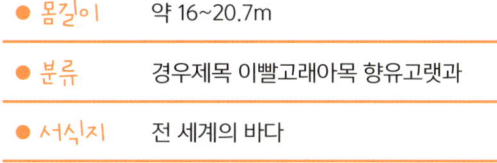

- 몸길이: 약 16~20.7m
- 분류: 경우제목 이빨고래아목 향유고랫과
- 서식지: 전 세계의 바다

이빨고래류에서 가장 큰 향유고래는 다 자란 수컷이 약 16m, 암컷이 약 11m까지 커집니다. 향유고래는 커다란 머리가 특징입니다. 수컷의 몸길이에서 $\frac{1}{3}$이나 차지하는 머리는 잠수함을 떠올리게 하죠. 향유고래는 1시간이나 숨을 쉬지 않고도 잠수할 수 있습니다. 수심 2000m 이상의 엄청난 깊이까지 잠수해서 심해오징어 등을 잡아 먹기도 합니다. 깊은 바다에서 어떻게 오랜 시간 잠수할 수 있을까요? 산소를 저장하는 단백질 미오글로빈이 향유고래의 근육에 많기 때문입니다. 향유고래의 허파도 깊은 바다에서 살도록 도와줍니다. 탄력성이 좋아서 높은 수압에 찌그러져도 수면에 떠오르면 원래 모양대로 돌아오거든요. 향유고래는 살기 힘든 깊은 바다를 왜 터전으로 삼았을까요? 오래전 얕은 바다에는 범고래나 백상아리 같은 무서운 포식자가 있었습니다. 향유고래의 조상은 이들에게서 살아남기 위해 깊은 바다를 터전으로 삼을 수밖에 없었습니다. 향유고래는 20~30마리의 암컷과 새끼가 무리를 이룹니다. 번식기에는 수컷 한 마리에 암컷과 새끼 여러 마리가 무리를 이루죠. 이들은 가족끼리 유대가 두텁습니다. 어미가 모유를 먹이며 깊은 바다에 잠수하도록 새끼를 가르치기도 합니다.

- 언제 살았을까?

고생대   중생대   신생대   현재

2
코뿔소와 고양이는 이웃?

로라시아상목 이야기

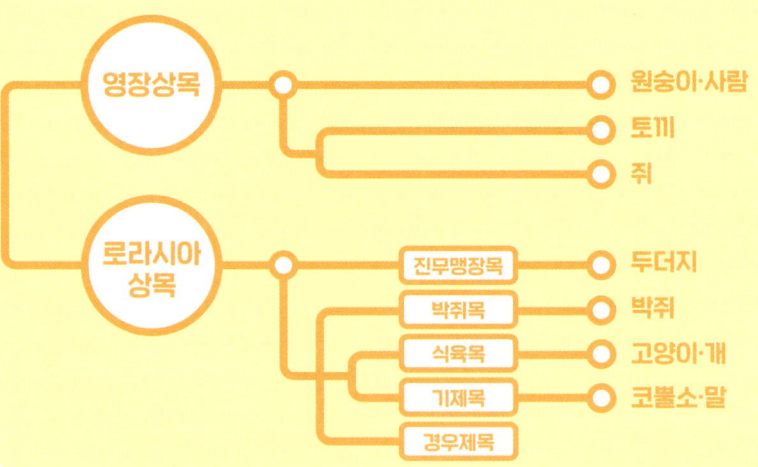

1장에서는 경우제목을 살펴보았습니다. 2장에서는 경우제목이 있는 커다란 '로라시아상목'을 중심으로 살펴보려고 합니다. 로라시아상목에는 '기제목·박쥐목·식육목·진무맹장목' 등이 있습니다. 기제목은 홀수 발굽의 말이나 코뿔소가 있는 동물군입니다. 포유류의 일종인 박쥐목은 하늘로 진출한 박쥐의 무리입니다. 식육목은 육식 동물이 많은 동물군입니다. 진무맹장목은 땅속에서 활동하는 동물군입니다.

이처럼 로라시아상목에는 여러 동물이 있습니다. '로라시아'는 무엇을 가리키는 말일까요? 공룡이 번성하던 시대에 있었던 대륙의 이름입니다. 당시에는 오늘날의 북아메리카와 유럽, 아시아가 하나의 대륙을 이루고 있었습니다. 이 대륙이 바로 '판게아'입니다. 포유류는 그 무렵인 약 2억 3000만 년 전에 처음으로 지구에 등장했습니다. 이후 판게아는 천천히 움직여 몇억 년에 걸쳐서 대륙끼리 이어지거나 따로 떨어졌습니다. 그 결과, 남북으로 갈라져 북쪽에 로라시아 대륙, 남쪽에 곤드와나 대륙이 생겼습니다. 로라시아상목은 로라시아 대륙을 무대로 생물들이 다양한 종류와 모습으로 진화해 나간 커다란 분류군입니다. 또한, 로라시아상목과 영장상목을 합쳐서 '북방진수류'라고 합니다.

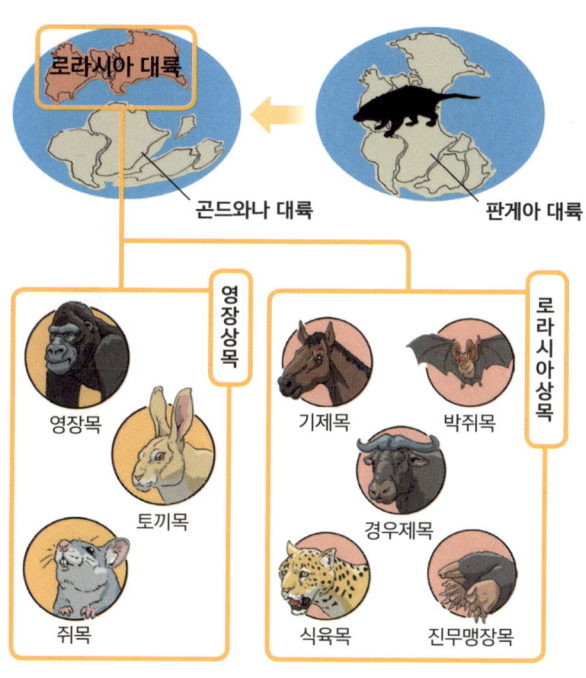

이어가 있어서 진화했습니다

고제3기

히라코돈

진화 ①단계

신제3기

텔레오케라스

진화 ③단계

파라케라테리움

진화 ②단계

코뿔소 종류, 이렇게 진화했다!

오늘날의 코뿔소에는 아프리카 대륙에 사는 흰코뿔소와 검은코뿔소 두 종류와 동남아시아에 사는 인도코뿔소와 자바코뿔소, 수마트라코뿔소 세 종류가 있습니다. 이들은 모두 무거운 몸집과 코끝에 뿔이 있습니다. 신생대 고제3기 에오세에 나타난 코뿔소의 조상인 히라코돈과 동물은 늘씬한 몸에 뿔도 없었고 평원을 달리던 동물이었습니다. 히라코돈과에는 육지 포유류에서 가장 커다랗다고 일컬어지는 파라케라테리움도 있습니다. 몸길이가 8m, 몸무게는 최대 20t에 이르렀죠. 목

● 언제 살았을까?

고생대   중생대   신생대

고제3기 에오세   현재

도 길어서 머리를 들어 올리면 높이가 7m나 되었습니다. 하마처럼 생긴 텔레오케라스도 코뿔소의 조상입니다. 제4기의 빙하 시대에는 추위를 막을 길고 덥수룩한 털로 온몸이 뒤덮인 코뿔소, 엘라스모테리움이 등장했습니다. 엘라스모테리움의 머리 위에는 2m나 되는 원뿔형 뿔도 있었습니다. 이처럼 코뿔소의 조상들은 주변 환경에 맞춰 다양한 모습으로 발달했지만 끝내 사라지고 말았죠. 오늘날, 지구에 사는 코뿔소 다섯 종류도 뿔을 얻으려는 사냥 탓에 수가 줄어들고 있습니다. 대형 동물에서 가장 수가 적다고 알려진 자바코뿔소는 자바섬에 고작 50여 마리가 살 뿐입니다.

뿔 없는 머리, 다리에 셋 달린 발가락, 길고 늘씬한 다리, 제법 균형 잡힌 날씬한 몸통. 이렇게 봐서는 코뿔소가 아닌 것 같다고? 믿기 힘들겠지만, 내가 코뿔소들의 첫 번째 조상이라니까? 이 날씬한 몸으로 숲 이곳저곳을 빠르게 달렸어.

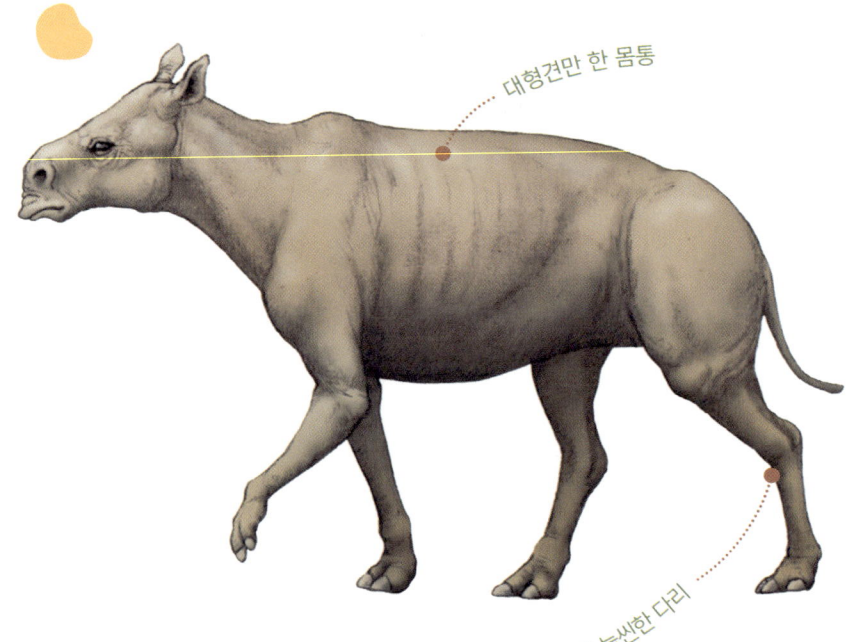

대형견만 한 몸통

달리기에 알맞은 늘씬한 다리

> 진화 ①단계

가장 원시적인 코뿔소 히라코돈

- **몸길이** 약 1.5m
- **분류** 기제목 코뿔소상과 히라코돈과
- **서식지** 북아메리카

오늘날의 코뿔소는 모두 코뿔솟과로 분류됩니다. 아주 먼 옛날, 코뿔소의 조상에는 멸종한 동물군 히라코돈과가 있었습니다. 코뿔솟과는 히라코돈과에서 갈라져 나와 살아남은 동물로 보입니다. 코뿔소의 조상들은 어떤 동물인지 살펴볼까요? 고제3기 에오세 중기에 나타난 히라코돈과 동물이 아시아와 북아메리카에서 올리고세 시대까지 번성했습니다. 그 뒤, 신제3기에 들어서면서 번성한 종류가 히라코돈과에서 갈라져 나온 코뿔솟과 동물입니다. 히라코돈과 초기에 살았던 가장 오래된 코뿔소의 조상은 히라코돈입니다. 이 동물은 오늘날의 코뿔소처럼 앞다리와 뒷다리에 발가락이 셋 달려 있습니다. 무지막지하게 크고 무거운 몸이 아닌 대형견 크기에 다리도 길고 늘씬한 몸이었죠. 생김새를 보면 코뿔소가 아니라 말과 비슷한 모습입니다. 빠르게 달리기에 알맞은 히라코돈의 몸 특징으로 보아 넓게 트인 숲이나 나무가 듬성듬성 자라는 메마른 숲에서 살았으리라 생각됩니다. 히라코돈을 포함한 히라코돈과 동물은 '달리는 코뿔소'라고도 불립니다.

- **언제 살았을까?**

고제3기 에오세 중기~올리고세 후기

고생대 — 중생대 — 신생대 — 현재

커다란 몸집 때문에 난 공룡이나 코끼리처럼 보이기도 해. 내 머리 좀 봐. 제법 무거워 보이는 이 머리를 지탱하려면 아무래도 목이 튼튼해야겠지? 굵은 목과 커다란 몸 덕분에 적들에게 공격을 잘 받지 않았어.

머리 높이는 건물 3층에 닿을 정도!

커다란 몸집과 어울리지 않는 길고 날씬한 다리

진화 ②단계

커다란 육지 포유류 **파라케라테리움**

- 몸길이: 약 7.4m
- 분류: 기제목 코뿔소상과 히라코돈과
- 서식지: 아시아, 유럽

육지에 사는 가장 큰 포유류는 기린이 아니라 코뿔소에서 나타났습니다. 코뿔소의 조상 파라케라테리움은 몸길이가 약 7.4m, 어깨까지의 높이가 약 4.8m였습니다. 긴 목을 위로 뻗으면 머리까지의 높이가 7m에 달했다는군요. 기린도 머리까지의 높이가 약 5m라고 하니 얼마나 커다란지 알 수 있습니다. 파라케라테리움은 큰 키와 위턱에 어금니처럼 발달한 송곳니로 키 큰 나무의 여린 가지와 잎사귀를 뜯어 먹었습니다. 학자들은 처음에 이 동물이 땅딸막한 몸에 몸무게도 30t 안팎이었다고 생각했습니다. 지금은 목과 다리가 길쭉하고 몸무게도 최대 20t, 최소 6t 정도로 바뀐 모습입니다. 이 무게가 사실이라면 아프리카코끼리와 비슷하거나 약간 더 무거운 정도로 보입니다. 유라시아 대륙 곳곳에서 화석이 발견된 파라케라테리움은 '인드리코테리움'이나 '발루키테리움'이라는 이름으로 불렸습니다. 연구 결과, 이들은 같은 동물이라는 사실이 밝혀졌죠. 이제는 처음에 붙인 '파라케라테리움'이라는 이름으로 통일해서 부르고 있습니다.

● 언제 살았을까?

고생대 ─── 중생대 ─── 신생대 [고제3기 올리고세 후기] ─── 현재 짧은 코 위의 작은 뿔과 통통한 몸통, 짧은 다리와 기다란 어금니가 내 특징이야. 몸이 무겁다 보니 땅 위를 느릿느릿 걸어 다니지. 물속에 잠겨 지내기도 하지만 풀을 뜯으러 땅으로 올라오기도 해. 코에 있는 뿔은 짧아서 적의 공격을 막지 못해. 대신 물속으로 피할 수 있지.

우람한 배 둘레

너무너무 짧은 네 다리

진화 ③단계

하마를 닮은 땅딸막한 텔레오케라스

- **몸길이** 약 3.5m
- **분류** 기제목 코뿔소상과 코뿔솟과
- **서식지** 북아메리카·이집트·프랑스 남서부

오늘날 코뿔소가 속한 코뿔솟과는 코뿔소의 조상 히라코돈과에서 갈라져 나와 지금까지 오랜 시간 살아온 종류입니다. 텔레오케라스는 늘씬하고 다리가 길었던 히라코돈과 달리 절구통처럼 두껍고 짧은 몸통에 아주 짧은 네 다리가 있었습니다. 오늘날의 코뿔소보다 하마에 가까운 모습이라고 볼 수 있죠. 생활도 하마와 비슷해서 땅과 물가를 오가며 살았으리라 봅니다. 텔레오케라스 외에도 환경에 맞추어 변화한 여러 코뿔소가 있었음을 알려 주는 화석이 나오기도 했습니다. 이처럼 코뿔소는 거의 모든 대륙에서 널리 살던 동물이었습니다. 다만 남아메리카와 오스트레일리아, 남극에서는 살지 못했죠. 오스트레일리아와 남극은 코뿔소가 나타나기 훨씬 전부터 바다로 둘러싸여 떨어진 대륙이었기에 코뿔소가 살 수 없었습니다. 남아메리카에서는 왜 살지 못했을까요? 남아메리카와 북아메리카를 잇는 파나마 지협이 생기기 전, 플라이오세 전기에 북아메리카의 코뿔솟과 동물이 사라져 버려 남아메리카에는 코뿔소가 발을 내딛지 못했던 겁니다.

- 언제 살았을까?

신제3기 마이오세 전기~플라이오세 전기

고생대   중생대   신생대   현재

커다란 몸과 뿔 때문에 너무너무 둔해 보인다고? 천만에! 생각보다 길고 제법 날씬한 다리가 있어서 난 가볍게 걸을 수 있어! 춥고 메마른 땅에서 풀을 뜯어 먹기 좋게 진화했지만 내가 너무 게을러졌나 봐. 조금씩 달라지는 환경에 맞추지 못해서 곧 사라져 버렸거든.

길이 2m에 이르는 커다란 뿔

빙하기의 추위를 견딘 털

2장 코뿔소와 고양이는 미웃?

진화 ④단계

유니콘 뿔의 기원인 코뿔소 엘라스모테리움

- 몸길이   약 5m
- 분류   기제목 코뿔소상과 코뿔솟과
- 서식지   아시아, 유럽

오늘날의 코뿔소는 코끼리의 뒤를 잇는 커다란 동물이라고 보고 있습니다. 엘라스모테리움 역시 코끼리에 뒤지지 않을 만큼 몸집이 컸습니다. 이마에 있는 길이 2m의 커다란 뿔은 '유니콘 전설의 기원'이라 일컬어지기도 합니다. 그러나 뿔 자체는 확인되지 않았습니다. 뼈가 아니라 털 한 다발을 굳힌 조직인 코뿔소의 뿔은 좀처럼 화석으로 남지 않기 때문이죠. 하지만 엘라스모테리움의 이마뼈 곁에 거칠고 무언가 커다랗게 솟은 흔적이 있었습니다. 이 부분을 뿔의 밑부분으로 보고 있습니다. 오늘날의 흰코뿔소는 1.5m 길이 뿔의 밑 부분이 25cm 정도입니다. 엘라스모테리움은 지름이 40cm인 뿔 밑부터 상당히 길쭉한 뿔이 솟아 있었다는 사실을 이마뼈에서 알 수 있었습니다. 약 3만 9000년 전까지 살았던 이 동물은 빙하기의 춥고 메마른 매머드 스텝에서 거친 풀을 먹으며 살아갔습니다. 또 풀과 이빨의 거친 마찰을 견딜 수 있도록 어금니는 단단했죠.

● 언제 살았을까?

고생대 — 중생대 — 신생대 — 제4기 — 현재

우락부락한 생김새와 달리 난 온순한 성격이야. 뿔로 아무나 공격하는 사나운 동물이 아니라고! 이빨도 없어서 입술로 나뭇잎을 뜯어 먹는 정말정말 순한 동물인데 왜들 오해하지? 근데 하얗지도 않으면서 이름은 왜 흰코뿔소냐고? 쉿, 그건 비밀!

하얗지 않은 몸의 색

땅의 풀을 뜯어 먹는 넓적한 입

진화 ⑤단계

몸 색깔이 검은 **흰코뿔소**

● 몸길이   약 3.4~4m
● 분류   기제목 코뿔소상과 코뿔솟과
● 서식지   아프리카 북동부, 남부

아프리카와 동남아시아 등에 널리 퍼진 코뿔소 종류에서 흰코뿔소는 가장 커다란 크기를 자랑합니다. 수컷의 평균 몸무게는 약 2.3t, 암컷의 평균 몸무게는 약 1.7t입니다. 하지만 최대 몸무게가 약 4.5t까지도 나갈 수 있다는 의견이 있습니다. 이들은 드넓은 아프리카 초원이나 나무가 적은 사바나에 몇 마리가 작은 무리를 이루며 살고 있습니다. 수컷은 홀로 행동하며 정해진 곳에 배변해서 세력권을 나타냅니다. 수컷들은 뿔을 가볍게 맞부딪칠 뿐, 사납게 싸우지 않습니다. 앞니와 송곳니가 없고 어금니만 있지만 발달한 입술이 앞니와 송곳니의 역할을 대신하죠. 흰코뿔소의 입술은 편평하고 폭이 넓어서 땅에 자란 식물을 뜯어 먹기에 알맞은 모양입니다. 앞니와 송곳니가 없는 검은코뿔소도 입술로 먹이를 먹습니다. 흰코뿔소와 달리 키가 작은 나무의 잎사귀를 즐겨 먹어서 나뭇잎을 뜯어 먹기 좋게 입술 끝이 뾰족합니다. 여기서 잠깐! 흰코뿔소와 검은코뿔소는 몸의 색이 다르지 않은데 왜 색을 나타내는 이름이 붙었을까요? 전해지는 이야기는 이렇습니다. 흰코뿔소의 넓적한 입을 나타내는 '와이드'를 '화이트'로 누군가 잘못 알아들은 겁니다. 한쪽이 하얀색이면 다른 한쪽은 검은색으로 정하자고 해서 '흰코뿔소'와 '검은코뿔소'라는 이름이 생겼다나 뭐라나요?

● 언제 살았을까?

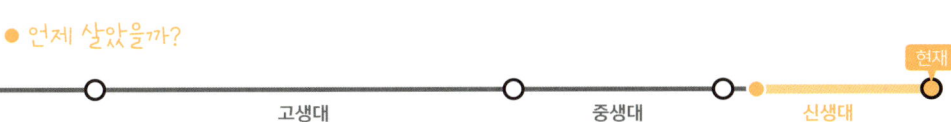

궁금한 이야기 ❶
먼 옛날, 다양했던 기제목 동물들

발굽이 있는 초식 동물에서 떠오르는 동물은 '소'와 '말'이다. 소는 발굽의 수가 짝수여서 '경우제목', 말은 발굽의 수가 홀수여서 '기제목'이라 한다. 경우제목은 사막에서 바다에 이르기까지 사는 곳이 넓다. 말·코뿔소·테이퍼 세 종류뿐인 기제목과 비교했을 때 동물의 수도 훨씬 많다. 하지만 먼 옛날에는 기제목도 경우제목만큼 종이 다양했다. 기제목에서는 브론토테륨류가 잘 알려져 있다. 약 5000만 년 전, 북아메리카에 살던 말의 초기 조상에서 갈라져 나온 동물이다. 몸집이 큰 이들의 머리에는 크고 다양한 뿔이 있었다. 이들의 뿔은 코뿔소의 뿔과 '성분'이 달랐다. 코뿔소의 뿔은 머리털·손톱 등을 이루는 단백질, '케라틴'으로 이루어졌다. 이와 달리 브론토테륨의 뿔은 많은 털이 굳어져서 만들어졌다. 멸종한 기제목에는 특이하게 생긴 동물도 있다. 바로 칼리코테리움이다. 이들은 초식 동물이면서 갈고리발톱이 발달했다. 또 등의 기울어진 정도가 심하고 뒷다리보다 더 긴 앞다리를 땅에 대고 걷는 모습이 특이하다. 얼굴만 말처럼 생긴 커다란 고릴라 같은 모습인 셈이다. 기후가 달라지며 숲이 줄고 초원이 넓어지는 시대에 들어서면서 초식 동물은 먹이를 바꿔야만 했다. 하지만 이들은 그 변화에 적응하지 못해 사라지고 말았다.

[진화 동물 QUIZ]

어떤 동물의 조상일까?

정답 → 다음 쪽에

히라코테륨

이야기가 있어서 진화했습니다

[정답]

말

옛날에는?

히라코테륨

- 어깨높이 : 약 50cm
- 분류 : 기제목 말과
- 서식지 : 북아메리카

북아메리카와 유럽의 약 5000만 년 전 지층에서 히라코테륨의 화석이 발견되었습니다. '새벽의 말'로 불리는 이 동물은 지금까지 알려진 가장 원시적인 말과 동물입니다. 몸 크기는 작은 양만 했습니다. 말은 멋진 발굽과 발가락이 하나 있지만 히라코테륨은 발가락이 앞발에 넷, 뒷발에 셋이 있었습니다. 오늘날의 말처럼 발굽이 발달하지 않았죠. 어금니는 높이가 낮아서 풀보다 부드러운 나뭇잎을 즐겨 먹었습니다.

- 언제 살았을까?

오늘날에는?

말

- 어깨높이 : 약 1.5m
- 분류 : 기제목 말과
- 서식지 : 유라시아 대륙의 초원

초원이 넓어지던 신생대 중기에 숲에서 초원으로 터전을 옮긴 동물입니다. 드넓은 초원에 살며 적에게서 잘 도망치기 위해 발이 빨라졌습니다. 그 결과, 다리가 길어지고 가운뎃발가락만 발에 남았습니다. 남은 발가락에는 발굽이 발달하여 단단한 평원을 달리기에 좋습니다. 초원의 거친 식물을 먹는 이빨이 닳아도 버틸 수 있도록 위아래 턱에 두꺼운 어금니가 있었습니다. 오늘날에는 가축용 말만 빼고 야생종은 멸종했습니다.

- 언제 살았을까?

고양잇과, 이렇게 진화했다!

사자나 호랑이 등으로 대표되는 고양잇과 동물은 사냥 능력이 뛰어납니다. 먼 옛날부터 최상위 포식자였던 사나운 육식 동물이죠. 최초의 고양잇과 동물은 2500만 년 전에 살던 '프로아일루루스'라고 봅니다. 사향고양이처럼 길쭉한 몸통에, 짧은 다리로 나무를 능숙하게 타고 올라 그 위에서 살던 동물입니다. 2000만 년 전에 나타난 프세우데루러스도 기후가 추워지며 숲이 줄어들고 초원이 넓어지면서 터전을 나무 위에서 땅으로 옮겨야 했습니다. 이 동물은 고양잇과의 특징인 위턱

● 언제 살았을까?

 의 송곳니가 발달했습니다. 이 특징이 턱을 빠져나올 만큼 길고 커다란 송곳니가 있는 검치호랑이로 이어졌다고 보고 있죠. 고양잇과 동물은 사냥감에 몰래 다가가 순식간에 목덜미를 물고 늘어져 죽음에 이르게 합니다. 160만~1만 년 전까지 살았던 스밀로돈은 다부진 몸과 두꺼운 피부를 물어뜯는 기다란 송곳니로 커다란 사냥감을 노렸습니다. 이들은 먹잇감인 대형동물이 사라지고 작고 날렵한 초식 동물이 많아지자, 이에 적응하지 못하고 사라졌습니다. 오늘날에는 발이 빠른 치타와 무리 지어 사냥하는 사자, 물가를 좋아하는 재규어 등 다양한 동물이 고양잇과에 있습니다. 이들은 옛날부터 다른 동물을 사냥한 뛰어난 사냥꾼이죠.

난 땅은 물론이고, 나무를 자유롭게 오르내려서 날렵하게 움직일 수 있어. 사냥한 먹이를 잘 먹을 수 있도록 찢고 자르는 이빨도 날카롭지. 딱 봐도 사냥만큼은 끝내주게 잘할 것 같지 않아?

고기를 찢기 좋은 어금니

사향고양이를 닮은 길쭉한 몸

2장 코뿔소와 고양이는 이웃?

진화 ①단계

가장 오래된 고양이 프로아일루루스

- **몸길이** 정확히 알려지지 않음
- **분류** 식육목 고양잇과
- **서식지** 아시아, 유럽

고양잇과 동물은 대부분 '고기'를 먹습니다. 이들의 몸 곳곳에는 사냥하기에 알맞은 특징이 있습니다. 길고 날카로운 송곳니와 고기를 가위처럼 찢고 자르는 데 알맞은 어금니 등이 그런 특징이죠. 고양잇과 동물뿐만 아니라 육식성 동물은 대부분 먹이를 잘 찢을 수 있도록 어금니가 발달했습니다. 프로아일루루스는 대략 2500만 년 전에 등장한 최초의 고양잇과 동물입니다. 스페인이나 독일, 몽골 등에서 화석이 발견되고 있죠. 이들은 유라시아 대륙에 널리 퍼져 있었습니다. 프로아일루루스와 다른 고양잇과 동물의 크기를 비교해 볼까요? 집고양이보다 조금 더 크고 사바나 등에 사는 고양잇과 동물보다는 작습니다. 길쭉한 몸통과 긴 꼬리는 사향고양이를 생각나게 합니다. 프로아일루루스는 오래된 고양잇과 동물이 분명하지만, 동물 계통으로 보면 고양잇과에서 살짝 벗어난 종입니다. 스밀로돈 같은 검치호랑이나 오늘날의 고양잇과와 직접 연결 고리는 없다는 이야기이죠. 오늘날의 고양잇과 최초의 조상은 약 2000만 년 전에 나타난 '프세우데루러스'라고 일컬어집니다.

● 언제 살았을까?

고제3기 올리고세 후기~신제3기 마이오세 전기

고생대 　　중생대 　　신생대 　현재

내 송곳니는 먹잇감을 봐 주지 않아. 한번 물리면 크게 생긴 상처에서 피를 많이 흘려 죽고 만다고! 나보다 훨씬 크고 피부가 두꺼운 매머드도 사정없이 뜯어 먹을 수 있지. 배를 찢어서 내장을 꺼낼 수도 있으니 날 만난다면 물어뜯기지 않도록 조심해.

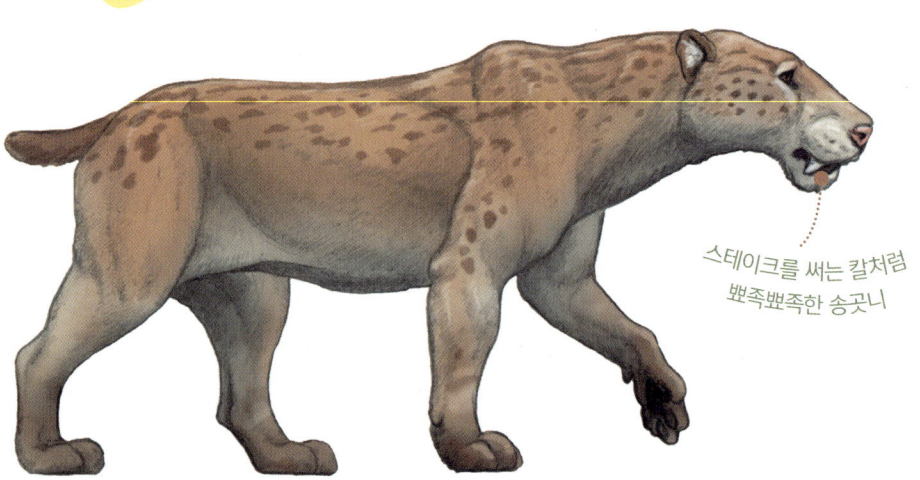

스테이크를 써는 칼처럼 뾰족뾰족한 송곳니

진화 ②단계

칼처럼 날카로운 이빨 호모테리움

- **몸길이** 약 2m
- **분류** 식육목 고양잇과
- **서식지** 아프리카·유럽·아시아·북아메리카·남아메리카

옛날이나 오늘날이나 고양잇과 동물은 입을 벌렸을 때 보이는 날카롭고 뾰족한 송곳니가 사나움을 보여 줍니다. 먼 옛날, 길고 커다란 송곳니가 무시무시한 고양잇과 동물, 검치호랑이가 힘을 떨치던 시대가 있었습니다. 호모테리움은 이 검치호랑이의 일종입니다. 납작한 칼처럼 생긴 송곳니는 앞뒤 가장자리가 톱니처럼 뾰족해서 고기를 찢기에 좋았습니다. 호모테리움은 크기가 사자보다 작았지만 매머드처럼 피부가 두꺼운 대형 초식 동물을 사냥했습니다. 미국 텍사스주에 있는 동굴에서 발견된 호모테리움과 새끼의 화석은 이를 뒷받침해 줍니다. 호모테리움 가족이 보금자리로 삼았던 그 동굴에서 새끼 매머드의 이빨 화석이 무더기로 나왔죠. 호모테리움은 새끼 매머드를 자주 사냥해서 동굴로 가져왔던 모양입니다.

- **언제 살았을까?**

신제3기 플라이오세 전기~제4기 플라이스토세 후기

고생대 — 중생대 — 신생대 — 현재

짧은 꼬리

길고 커다란 송곳니

발달한 어깨와 앞다리

영화에서 나를 본 적이 있다고? 이 이빨 때문에 알아본 거지? 내 무기는 이빨뿐만이 아니야. 듬직한 내 앞다리와 어깨 좀 봐! 이 튼튼한 앞다리와 어깨로 먹잇감을 붙들고 입을 쫙 벌려 콱 물면 누구도 당하지 못해. 사냥도 잘하지만 싸움에서 날 빼 놓으면 섭하지!

진화 ③단계

기다란 송곳니로 입을 쫙 스밀로돈

- 몸길이 약 2m
- 분류 식육목 고양잇과
- 서식지 북아메리카, 남아메리카

스밀로돈은 검치호랑이 종류에서 대표적인 종입니다. 크기는 사자와 비슷하거나 좀 더 크고 무게는 2배나 더 무거웠습니다. 스밀로돈의 상징인 송곳니는 길이가 무려 24cm였습니다. 위턱에 있는 송곳니의 길이에 맞춰 턱을 90° 이상 크게 벌릴 수 있었죠. 이들은 먹잇감을 세게 밀어붙여 꼼짝 못 하게 한 뒤, 긴 송곳니로 목덜미를 찔러 질식하게 했습니다. 스밀로돈은 짧은 뒷다리와 앞에서 뒤로 기울어진 몸통, 균형을 잡아 주는 꼬리가 짧아서 달리기가 느렸습니다. 그래서 빠르고 작은 초식 동물보다 느리고 커다란 초식 동물을 사냥하곤 했습니다. 미국 플로리다주에서 약 8000년 전의 마지막 스밀로돈 화석이 발견되었습니다. 이 무렵의 북아메리카는 빙하기가 끝나고 기후가 완전히 달라지고 있었습니다. 유라시아 대륙에서 건너온 인류의 사냥도 매머드와 같은 커다란 초식 동물을 금세 사라지게 했죠. 스밀로돈은 이런 변화에 적응하지 못하고 점차 사라지고 말았습니다.

- 언제 살았을까?

제4기 플라이스토세 전기~홀로세 전기

고생대 — 중생대 — 신생대 — 현재

나에게 공격하기 좋은 매서운 발톱이나 크고 날카로운 송곳니는 없어. 대신 100m를 3~4초 만에 뛸 수 있지. 도망치는 어떤 동물도 쉽게 따라잡아 사냥하는 건 내가 제일이라고!

달릴 때 균형을 잡아 주는 긴 꼬리

작은 송곳니

오므리지 못하는 발톱

진화 ④-1단계

달리기 위해 진화한 재빠른 사냥꾼 치타

- 몸길이   약 1.5m
- 분류   식육목 고양잇과
- 서식지   (열대 우림을 제외한) 아프리카, 이란

육지 동물에서 가장 빠른 동물입니다. 임팔라나 가젤처럼 작은 초식 동물을 노리며 100~300m 거리를 단번에 따라잡아 덮칩니다. 도망가는 사냥감을 따라잡는 속도가 2초 만에 무려 시속 70km에 이를 정도입니다. 최고 속도는 시속 100km 이상이라는 기록도 있습니다. 치타는 어떻게 이렇게 빨리 달릴 수 있을까요? 달리는 동안 충분한 공기를 얻을 수 있도록 코 안이 넓고 송곳니가 작습니다. 또 보통 고양잇과 동물의 오므려 넣을 수 있는 발톱과 달리 치타의 발톱은 오므려 넣을 수 없습니다. 이는 달리기용 스파이크 역할을 합니다. 치타는 이런 특징을 이용해 빠르게 달려 사냥합니다. 하지만 모처럼 잡은 사냥감을 사자나 하이에나처럼 힘센 육식 동물에게 자주 빼앗기죠. 이길 수 없는 상대 앞에서는 먹잇감을 포기하고 도망쳐 버리곤 합니다. 이기지 못할 싸움으로 다치기만 하느니 다시 빠르게 사냥하는 편이 더 이로우니까요.

- 언제 살았을까?

사람들은 목까지 이르는 갈기와 위풍당당한 모습을 보고 나를 '백수의 왕'이라고 부른다지? 이런 특징 때문에 '힘과 권력, 공포'의 상징으로 내가 자주 쓰이고 있어. 내 갈기는 사냥용이 아니라 커다랗게 내보여서 위엄 있게 보이는 장치야. 이 갈기는 아무에게나 있지 않아. 오직 수컷에게만 있지.

수컷에게만 있는 갈기

힘을 합쳐 사냥에 나서는 암컷

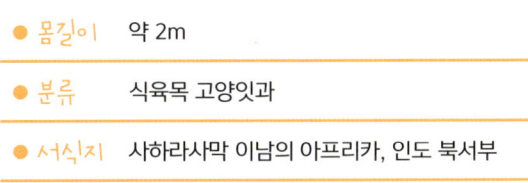

진화 ④-2단계

갈기를 휘날리는 위엄찬 사자

- **몸길이** 약 2m
- **분류** 식육목 고양잇과
- **서식지** 사하라사막 이남의 아프리카, 인도 북서부

사자는 아프리카의 초원이나 사막에 주로 살지만, 인도 북서부에도 적은 수가 살고 있습니다. 호랑이와 함께 고양잇과 동물에서 가장 몸집이 큰 사자는 수컷과 암컷이 다르게 생겼습니다. 수컷은 머리에서 목에 이르는 멋진 갈기가 있습니다. 암컷에게 없는 특징이죠. 고양잇과 동물은 대부분 홀로 행동하지만, 사자는 드물게 무리 지어 행동합니다. 사자는 수컷 1~2마리와 암컷 여러 마리, 그들의 새끼가 모여서 10~15마리의 무리를 이룹니다. 이 무리를 '프라이드'라고 부르죠. 사냥은 암컷이 합니다. 먼저 사냥감 주변에 암컷 여러 마리가 흩어져서 기회를 노립니다. 한쪽이 사냥감을 몰면 숨어 있던 다른 한쪽이 사냥감을 덮칩니다. 수컷도 가끔 사냥을 돕지만 탐스러운 갈기가 눈에 띄어서 사냥에 맞지 않습니다. 대신 수컷의 갈기는 점박이하이에나에게서 먹잇감을 지키는 데 큰 도움을 줍니다. 갈기 색이 진하고 털이 많은 수컷일수록 건강하고 힘이 세며 암컷에게 인기도 많다는군요.

 언제 살았을까?

궁금한 이야기 ❷
바다표범과 하이에나의 진짜 종류는?

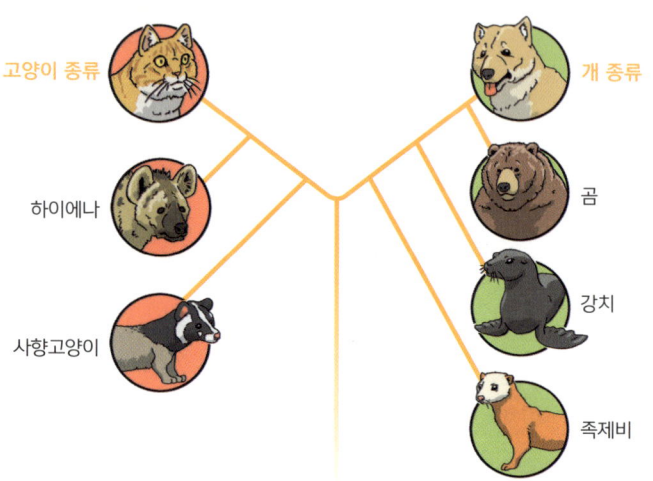

육식 동물에는 고양이와 개, 하이에나와 바다표범 등이 있다. 이들은 어금니 역할을 하는 뺨의 이빨과 발달한 송곳니가 고기를 찢는 예리한 칼처럼 생겼다. 육식 동물은 크게 '고양이아목'과 '개아목'으로 나눌 수 있다. 예전에는 땅에 사는 육식 동물과 바다에 사는 육식 동물을 따로 구분했다. 이후 연구에서 바다표범과 강치가 곰과 가깝다는 놀라운 사실이 밝혀졌다. 곰과 동물은 개와 같은 종으로 분류되어 최근에는 바다표범과 강치를 개와 같은 종으로 보고 있다. 그렇다면 하이에나는 어디에 들어갈까? 생김새나 살아가는 방식으로 보면 개의 일종 같지만, 고양이와 같은 종으로 분류된다. 이처럼 육식 동물은 생김새만으로는 분류를 판단할 수 없다. 대신 '귓속의 구조'가 이들을 구별하는 정확한 기준이 된다. 고막에서 달팽이관까지인 중이와 이어진 귓속뼈의 구조가 서로 다르기 때문이다. 고양이아목은 고막을 지탱하는 고리 모양 뼈가 변해서 귓속뼈를 이룬다. 이와 달리 개아목은 새로운 뼈가 덧붙어서 귓속뼈를 이룬다. 이런 특징에 따라 육식 동물은 고양이아목인지 개아목인지 구별할 수 있다.

[진화 동물 QUIZ]

어떤 동물의 조상일까?

정답 → 다음 쪽에

크레트조이아크토스
베아트릭스

이야기가 있어서 진화했습니다

[정답]

대왕판다

옛날에는?

크레트조이아크토스 베아트릭스

- 몸길이 : 약 1m
- 분류 : 식육목 곰과
- 서식지 : 유럽

1100만 년 전의 따뜻한 숲속에서 살던 동물입니다. 가장 오래된 판다의 조상이죠. 스페인에서 이빨의 화석만 발견되어 생김새나 생태 등은 자세히 알 수 없습니다. 이빨의 특징으로 보아 대왕판다와 가까운 동물로 보고 있습니다. 이 화석이 발견되어 판다의 기원은 대왕판다가 사는 중국이 아닌 '유럽'이었다는 설이 힘을 얻었습니다. 이 동물은 대왕판다와 달리 몸무게가 60kg 정도인 데다가 나무를 빠르게 오르내리며 적을 피해 다녔습니다.

- 언제 살았을까?

오늘날에는?

대왕판다

- 몸길이 : 약 1.2~1.5m
- 분류 : 식육목 곰과
- 서식지 : 중국 남서부

야생 대왕판다는 중국 남서부의 1200~3900m 산지의 깊은 대나무 숲에 삽니다. 화석은 베이징에서 베트남에 걸쳐 발견되었죠. 300만 년 전의 모습에서 거의 변하지 않았고 대나무만 먹으며 살아왔습니다. 대나무를 주로 먹는 까닭은 빙하기에 기후가 바뀌면서 다른 먹이보다 쉽게 구할 수 있어서였다고 합니다. 다만 소화가 어려운 대나무에서는 영양분을 얻지 못해 엄청난 양을 먹어야 했죠. 대왕판다는 하루의 반을 식사 시간으로 보내곤 합니다.

- 언제 살았을까?

이 동물 VS 저 동물

거대 쥐의 옛날과 오늘날

몸무게가 1t에 이르던 요제파오르티가시아는 이제까지 알려진 역사상 가장 큰 쥐입니다. 2003년에 남아메리카 베네수엘라에서 발견된 최대 크기의 포베로미스는 몸무게가 700kg 정도였습니다. 요제파오르티가시아는 이 무게를 훌쩍 뛰어넘는 어마어마한 쥐였죠. 2008년에 남아메리카의 우

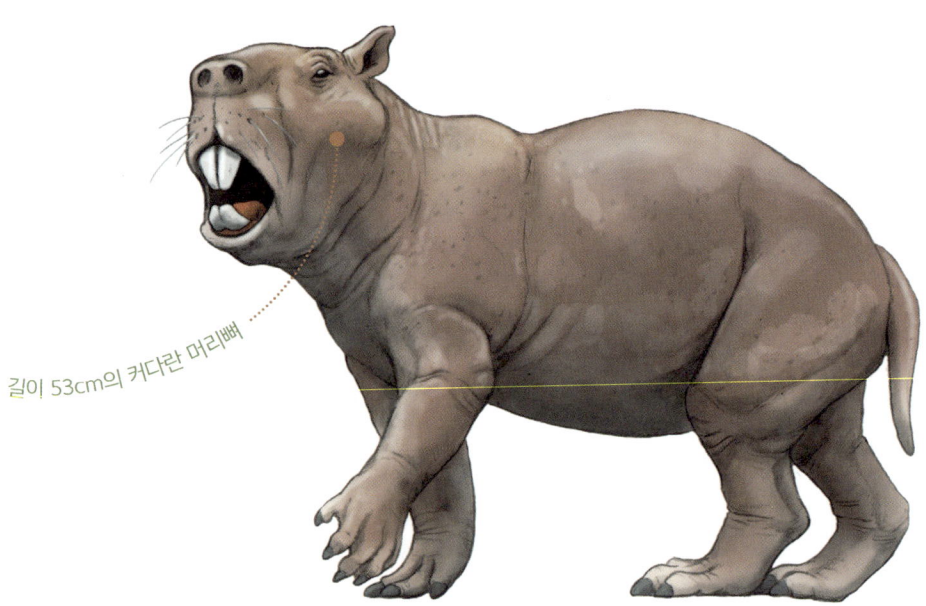

길이 53cm의 커다란 머리뼈

요제파오르티가시아
- 몸길이 : 약 3m
- 분류 : 설치목 파카라나과
- 서식지 : 남아메리카 우루과이

중생대 | 트라이아스기 | 쥐라기 | 백악기

루과이에서 길이 53cm인 이 동물의 머리뼈가 발견되었습니다. 400만~200만 년 전 늪에서 살며 부드러운 식물이나 물에 사는 식물, 과일 등을 먹었습니다.

오늘날의 카피바라는 세계에서 가장 큰 쥐로 유명합니다. 쥐이면서 물가에서 산다는 점도 독특하죠. 콧구멍이 위로 향해 있어서 수면에 코만 내밀고 물속에 몸을 숨기거나 그 상태로 잠을 자기도 합니다. 수컷은 짝짓기 때면 냄새샘이 있는 코를 나뭇잎 등에 비벼서 암컷을 유혹하곤 합니다. 카피바라는 임신 기간도 쥐 중에서는 가장 깁니다. 무려 150일이나 되거든요!

물속 생활에 맞게 위를 향한 콧구멍

카피바라
- 몸길이 : 약 1.05~1.35m
- 분류 : 설치목 카피바라과
- 서식지 : 남아메리카의 아마존강 근처 등

3

코끼리와 나무늘보가 헤어진 사연은?

아프로테리아상목과 빈치상목 이야기

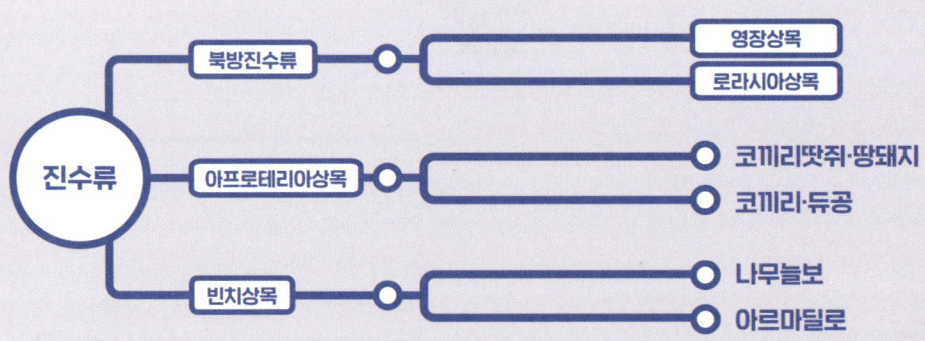

먼 옛날, 지구에는 모든 땅이 이어진 대륙 '판게아'가 있었습니다. 이 대륙에서 최초의 포유류가 탄생했습니다. 그 후 판게아는 남북으로 나뉘어 북쪽에는 로라시아 대륙, 남쪽에는 곤드와나 대륙이 생겼습니다. 1장과 2장에서 북쪽의 로라시아 대륙을 무대로 삼은 포유류를 알아보았습니다. 3장에서는 남쪽의 곤드와나 대륙에 살던 포유류를 살펴보려고 합니다. 곤드와나 대륙은 이후에 아프리카·남아메리카·오스트레일리아·남극으로 나뉘집니다. 오스트레일리아 대륙에는 포유류가 진출한 흔적이 적습니다. 그 후로도 번성하지 못해서 코알라와 캥거루로 대표되는 유대목의 낙원이 되었습니다. 한편, 바다를 사이에 두고 나뉜 아프리카 대륙과 남아메리카 대륙에 살던 포유류는 독자적으로 진화해 나갔습니다. 그중에

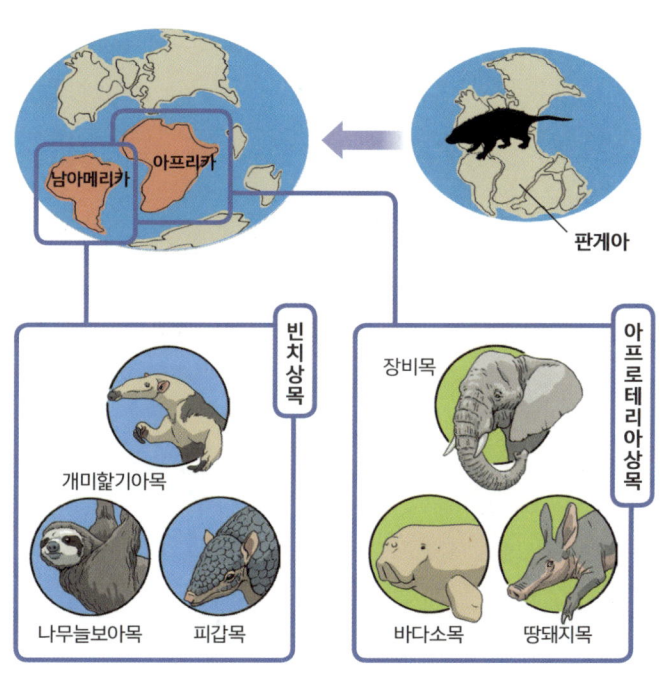

서 아프리카 대륙의 포유류가 기원인 동물 분류를 '아프로테리아상목'이라고 합니다. 코끼리와 물에 적응한 듀공과 매너티, 땅돼지와 하이랙스 등이 이 무리에 들어갑니다. 남아메리카 대륙의 포유류에는 나무늘보와 아르마딜로, 개미핥기 등이 있습니다. 이들은 지금도 남아메리카 대륙의 고유 동물로 알려져 있죠. 이처럼 커다란 대륙 하나가 여러 개로 나뉘면서 포유류는 다양한 종류와 모습으로 진화했습니다.

이유가 있어서 진화했습니다

고제3기
포스파테리움
진화 ①단계

신제3기
플라티벨로돈
곰포테리움
진화 ②단계

디노테리움

제4기
진화 ③단계
스테고돈

코끼리 종류, 이렇게 진화했다!

오늘날의 코끼리는 아프리카코끼리와 아시아코끼리, 두 종류뿐입니다. 먼 옛날에는 170여 종이 있었다고 합니다. 가장 원시적인 코끼리의 조상은 5800만 년 전, 북아프리카에 살았던 포스파테리움입니다. 물가에 살던 이 동물은 다리가 짧고 개와 비슷한 크기였습니다. 생활이나 생김새는 하마와 비슷했습니다. 이후 평원으로 진출하면서 굵은 원기둥처럼 다리가 튼튼해졌고 키와 몸집이 커진 곰포테리움과 동물이 나타났습니다. 땅에 자란 식물과 물가에 입이 닿을 수 있도록 코 길이도 바뀌

● 언제 살았을까?

고생대 — 중생대 — 신생대
고제3기 — 현재

아프리카코끼리

현재

진화 ⑤단계

진화 ④단계

털매머드

아시아코끼리

었습니다. 점차 길어진 코의 끝을 자유롭게 움직이게 된 것이죠. 아래턱이 발달한 종류도 있었습니다. 이들은 길어진 아래턱과 아래턱의 어금니로 땅의 식물과 나뭇가지를 꺾어서 잎사귀를 먹었습니다. 북반구의 모든 지역에 퍼져 살던 곰포테리움과는 한반도에서도 화석이 발견되었습니다. 이 곰포테리움과 동물에서 스테고돈과·매머드·아시아코끼리 등이 있는 코끼릿과가 갈라져 나왔습니다. 세계적으로 기후가 추워지면서 곰포테리움과는 끝내 멸종했습니다. 긴 털이 있어서 추운 기후에서도 살아남았던 매머드도 인류의 사냥과 온난화로 자취를 감추고 말았죠. 오늘날, 얼마 남지 않은 코끼리 역시 상아를 손에 넣으려는 밀렵 탓에 멸종 위기에 놓여 있습니다.

어이, 거기 너! 날 보고 뚱뚱하다고 생각했지? 통통하고 다리 짧은 내가 물가와 땅을 오가며 사니까 하마로 착각한 거 아냐? 하지만 난 코끼리의 조상이라고!

생각보다 긴 코

개와 비슷한 몸통

어금니가 없는 이빨

진화 ①단계

하마처럼 생긴 원시 코끼리 포스파테리움

- **몸길이** 약 60cm
- **분류** 장비목 누미도테리움과
- **서식지** 북아프리카

3장 코끼리와 나무늘보가 헤어진 사연은?

지금까지 알려진 가장 오래된 코끼리의 조상입니다. 신생대가 시작하던 5800만 년 전의 북아프리카에 살았습니다. 온난화가 활발하던 이 시대는 습윤한 기후였습니다. 포스파테리움은 코끼리의 일종이지만 몸길이는 약 60cm 정도였습니다. 코끼리의 특징인 기다란 코와 발달한 어금니는 없었고 개와 비슷한 크기에 생김새는 하마를 닮았습니다. 하마처럼 물가에서 수초를 주로 먹으며 물과 땅에서 살았습니다. 포스파테리움이 속한 누미도테리움과 동물이 코끼리의 조상이라고 밝혀지기 전까지 다른 동물을 코끼리의 조상으로 보았습니다. 포스파테리움보다 늦게 나타난 메리테리움이 그 주인공이었죠. 길쭉한 몸통에 짧은 다리, 크기가 1m 정도인 이들 역시 물가와 땅에서 모두 살 수 있는 동물이었습니다. 메리테리움은 오늘날의 코끼리와 상당히 달랐지만, 포스파테리움보다 코끼리에 가깝게 진화한 모습이었습니다. 포스파테리움에게 없던 어금니가 메리테리움부터 길어졌고 오늘날의 코끼리처럼 송곳니도 이미 사라졌죠.

- 언제 살았을까?

고제3기 팔레오세 후기

고생대 — 중생대 — 신생대 — 현재

코도 길고 턱도 긴 코끼리는 처음 본다고? 여기 있잖아! 초원으로 사는 곳을 옮기면서 내 코랑 턱은 이렇게 점점 길어진 거야. 코끼리는 대부분 코만 긴데 이 길어진 턱은 어디에 쓰냐고? 내 턱은 풀을 뜯지 않고 파내는 데 쓰였어.

길어진 코

덩달아 길어진 아래턱

아래턱 끝에 달린 널빤지 같은 어금니

3장 코끼리와 나무늘보가 헤어진 사연은?

진화 ②단계

코도 길쭉, 턱도 길쭉 플라티벨로돈

- 몸길이   약 4m
- 분류   장비목 암벨로돈과
- 서식지   아시아·유럽·아프리카·북아메리카

숲에서 드넓은 초원으로 터전을 바꾼 초식 동물은 진화하면서 몸집을 크게 키웠습니다. 소와 말 등은 몸집과 키가 커진 만큼 땅의 풀에 입이 닿을 수 있도록 머리와 목이 길어졌습니다. 이들과 다르게 오늘날의 코끼리는 더 특별하게 진화했습니다. 목이 짧은 대신 길어진 코를 자유롭게 움직여 땅 위의 풀을 뜯을 수 있도록 바뀌었죠. 플라티벨로돈은 암벨로돈과 매우 비슷하게 생겼고 곰포테리움과도 많이 닮았습니다. 오늘날의 코끼리가 위턱에만 어금니가 있다면, 곰포테리움과 코끼리는 위아래 턱에 모두 어금니가 있었기 때문입니다. 플라티벨로돈은 서 있을 때도 땅에 닿을 만큼 아래턱이 길었습니다. 또 널빤지처럼 네모난 어금니는 아래턱 끝에 달려서 커다란 삽 같은 모습이었죠. 이 어금니로 식물을 송두리째 파내거나 도끼처럼 써서 나뭇가지를 잘랐다고 합니다. 어떤 식이든 식물을 먹는 데 어금니를 쓴 것 같네요. 곰포테리움과보다 나중에 등장한 코끼리의 조상은 아래턱에 어금니가 없는 대신 위턱에 있는 어금니가 더욱 발달했으며 주로 과시하기로 썼습니다.

- 언제 살았을까?

고생대 — 중생대 — 신생대 [신제3기 마이오세] — 현재

코끼리와 똑같은 어금니 교체 방법

틈 없이 나란히 솟아 있는 상아

옆으로 늘어뜨렸을지도 모르는 코

따뜻한 숲에서 살았던 난 나뭇잎을 즐겨 먹어. 내 상아 봤어? 급하지도 완만하지도 않은 기울기가 부드럽게 뻗어 있어서 정말 멋지지? 내 입의 어금니는 평생 써야 해서 잘 관리하는 게 중요해.

진화 ③단계

오래된 이빨을 밀어내는 새 이빨
스테고돈

- 몸길이 　약 8m
- 분류 　장비목 스테고돈과
- 서식지 　아시아·중앙아프리카·동부 아프리카

코끼리에는 코끼릿과·곰포테리움과·매머드과 등이 있습니다. 기원지는 아프리카이지만, 이들과 자매 관계인 스테고돈과는 인도차이나반도 부근의 아시아를 기원지로 보고 있습니다. 화석에서 발견된 스테고돈은 몸길이가 8m나 되는 커다란 코끼리였습니다. 코끼리는 큰 몸집과 긴 코, 상아 외에도 입에서 어금니가 자라는 방식이 특징적입니다. 인간과 어떻게 다른지 살펴볼까요? 먼저 개수가 많은 인간의 이는 젖니가 확 빠지고 영구치가 나옵니다. 이와 달리 코끼리와 매머드 같은 코끼릿과 동물은 위아래 턱에 커다란 어금니 한 쌍이 있을 뿐이죠. 이 어금니가 오래되어 닳기 시작하면 턱뼈에서 조금씩 새 어금니가 솟아 오래된 어금니를 앞으로 밀어냅니다. 코끼릿과에 가까운 스테고돈도 어금니 교체 방법이 이와 같습니다. 교체 방법이 이렇게 독특한 이유는 무엇일까요? 덩치 큰 코끼리는 식물을 많이 먹고 씹으니 이빨이 심하게 닳는 데다가 오래 살아서 입 안의 어금니를 잘 관리해야 하기 때문이죠.

- 언제 살았을까?

　　　　　　　　　　　　　　　　　　　　　신제3기 플라이오세~제4기 플라이스토세
　　　　　○　　　　　　　　　　○　　　　　　●
　　　　고생대　　　　　　　　중생대　　　　신생대　　현재

길고 커다란 상아

빙하기에서도
살아남을 수
있었던 긴 털

북슬북슬한 긴 털을 보면 내가 누군지 알겠지?
원래 난 따뜻한 곳에서 살았어. 날씨가 추워지니
살아남으려고 털이 길어졌지. 내 친구 중에 털이 없는
녀석들도 있어.

진화 ④단계

빙하기를 버틴 털북숭이 코끼리 **털매머드**

- 몸길이　약 5m
- 분류　　장비목 코끼릿과
- 서식지　유라시아 대륙 북부에서 북아메리카 북부

'매머드'라고 하면 빙하 시대의 북쪽 지역에서 살던 긴 털로 뒤덮인 털매머드를 떠올리기 쉽습니다. 놀랍게도 따뜻한 환경에 살던 털 없는 매머드도 있었습니다. 더 놀라운 사실은 매머드의 고향이 인류와 같은 '열대 아프리카'였다는 점입니다. 매머드가 처음 등장한 시기는 인류가 나타났던 시기와 비슷한 500만~400만 년 전으로 봅니다. 매머드가 아프리카에서 유라시아 대륙으로 건너온 시기는 약 300만 년 전입니다. 지구에 빙하기가 찾아온 뒤에 털매머드가 모습을 드러냈죠. 털매머드는 빙하기의 시베리아와 북아메리카 북부에 펼쳐진 초원에서 추운 기후에 적응해 퍼져 나갔습니다. 그러던 중 추위를 막아 줄 옷의 재료로 매머드의 가죽을 얻으려는 인간과 부딪치고 맙니다. 매머드는 추위가 심한 지역까지 쫓아온 인류의 사냥 앞에서 위기를 맞이하죠. 뒤이어 빙하기가 끝나고 기후가 따뜻해지면서 매머드가 먹던 식물도 점차 그 수가 줄어들었습니다. 마지막 매머드의 화석은 북극해의 작은 브랑겔섬에서 발견되었습니다.

- 언제 살았을까?

　　　　　고생대　　　　　　　중생대　　　제4기 플라이스토세~홀로세　신생대　현재 아이고, 더워서 못살겠네, 진짜. 난 다른 녀석들보다 몸집이 더 커서 더위를 많이 타. 이럴 때 내 큰 귀는 제몫을 하지. 날 위협하는 적들도 문제없어. 이 귀를 활짝 펼치면 놈들이 다가오지 않거든!

몸의 온도를 조절하는 커다란 귀

개의 2배에 이르는 후각

진화 ⑤단계

긴 코와 커다란 귀, 냄새까지 잘 맡는 아프리카코끼리

- **몸길이** 약 7m
- **분류** 장비목 코끼릿과
- **서식지** 사하라사막 이남의 아프리카

아프리카코끼리는 살아 있는 육지 동물에서 가장 몸집이 커다랗습니다. 다른 코끼리 종류인 아시아코끼리와 비교해도 몸 크기는 물론이고 귀도 압도적으로 더 큽니다. 지금까지의 코끼리 무리에서도 이렇게 커다란 귀를 지닌 종류는 없었을지도 모르겠습니다. 커다란 귀는 코끼리에게 매우 중요합니다. 아프리카코끼리는 커다란 몸집 때문에 몸 안에 열이 모여 체온이 오르기 쉽습니다. 햇볕이 강한 아프리카의 사바나에서는 커다란 귀를 펄럭여서 몸에 쌓이는 열을 바깥으로 내보내 체온을 조절하죠. 또 귀를 쫙 펼쳐서 적을 위협하기도 합니다. 다 자란 아프리카코끼리는 큰 몸집 덕분에 적이 없습니다. 암컷은 새끼 코끼리와 함께 무리를 이루어 삽니다. 어린 수컷은 12~16세 때 무리를 떠나 홀로 살거나 다른 젊은 수컷과 함께 모여서 삽니다. 아프리카코끼리는 후각이 매우 뛰어납니다. 냄새를 감지하는 유전자가 개의 2배, 사람의 5배나 많다는 놀라운 사실이 밝혀졌죠. 이러한 후각 능력으로 자신들을 사냥해 온 마사이족 남성과 캄바족 남성의 냄새를 맡아서 도망친다니 정말 놀라운 동물이네요.

- **언제 살았을까?**

고생대 — 중생대 — 신생대 — 현재

듀공의 옛날과 오늘날

이 동물 VS 저 동물

먼 옛날, 듀공이 있는 바다소목의 조상은 걸어 다닐 수 있었습니다. 자메이카의 고제3기 에오세 지층에서 발견된 페조시렌은 5000만 년 전의 카리브해와 근처 바닷가에 살았다고 합니다. 이 동물은 지금까지 알려진 가장 오래된 바다소목 동물입니다. '걸어 다니는 인어'라는 뜻의 페조시렌은 화석이 발견된 2001년에 이름을 붙였습니다. 다리 4개로 땅 위를 걸어 다녔고 땅과 물속에서 모두

4개의 다리로 걸어 다녔다!

페조시렌
- 몸길이 : 약 2m
- 분류 : 바다소목 프로라스토무스과
- 서식지 : 자메이카

신생대 | 고제3기 | 에오세 전기 | 신제3기

살았습니다. 주로 물속에서 생활했지만, 가슴지느러미는 오늘날의 듀공이나 매너티와 다르게 생겼고 완전한 모습을 갖추지 못했습니다.

바다소목은 고래와 바다표범처럼 바다에 사는 해양 포유류에서 유일한 초식 동물 무리입니다. 이들은 해초나 수초를 주로 먹었죠. 듀공은 거머리말과 감태 등의 해초만 먹어서 해초가 자라는 열대 지방의 얕은 바다에서만 삽니다. 또 소화하기 어려운 해초를 먹어서 길이가 45m인 기다란 장이 있습니다.

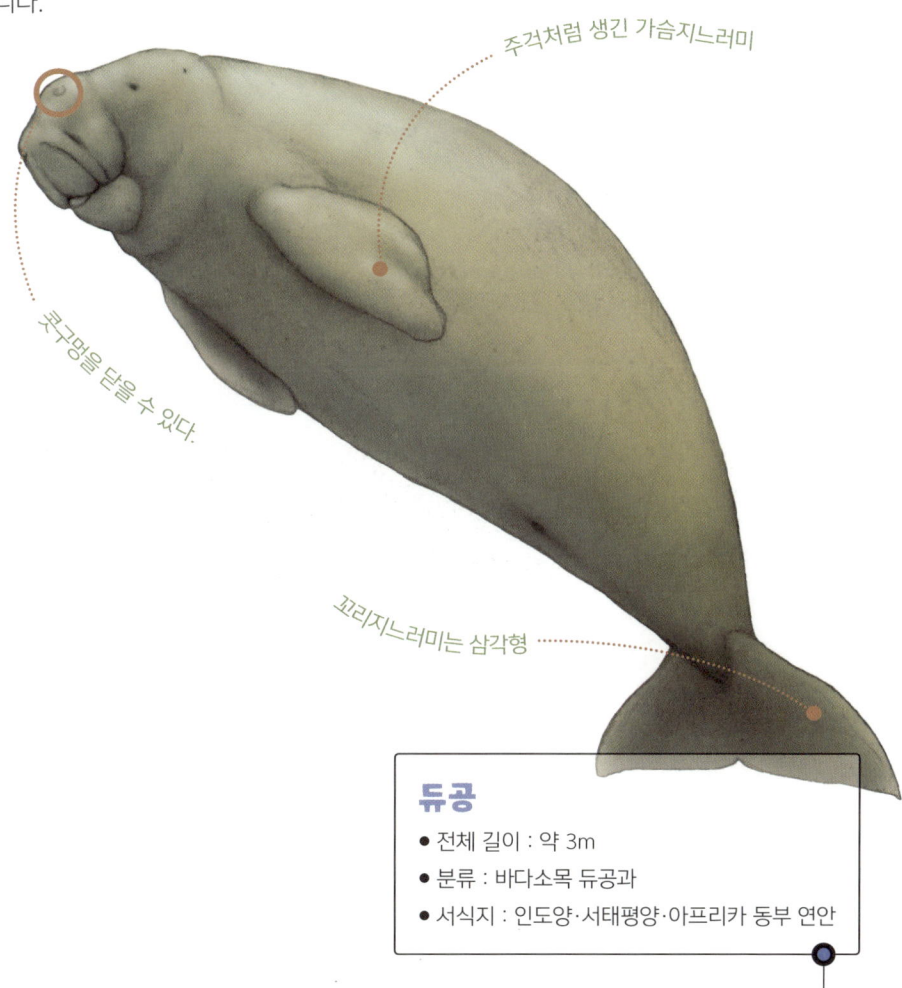

주걱처럼 생긴 가슴지느러미

콧구멍을 닫을 수 있다.

꼬리지느러미는 삼각형

듀공

- 전체 길이 : 약 3m
- 분류 : 바다소목 듀공과
- 서식지 : 인도양·서태평양·아프리카 동부 연안

현재

제4기

아르마딜로의 옛날과 오늘날

이 동물 VS 저 동물

빈치상목은 비늘 갑옷으로 온몸을 감싼 아르마딜로 등의 피갑목과 개미핥기, 나무늘보 등의 유모목으로 나뉩니다. 이들 가운데 가장 먼저 나타난 종류는 피갑목입니다. 5600만 년 전의 지층에서 발견된 리오스테고테리움이 가장 오래된 아르마딜로의 조상으로 보입니다. 신제3기 플라이오세

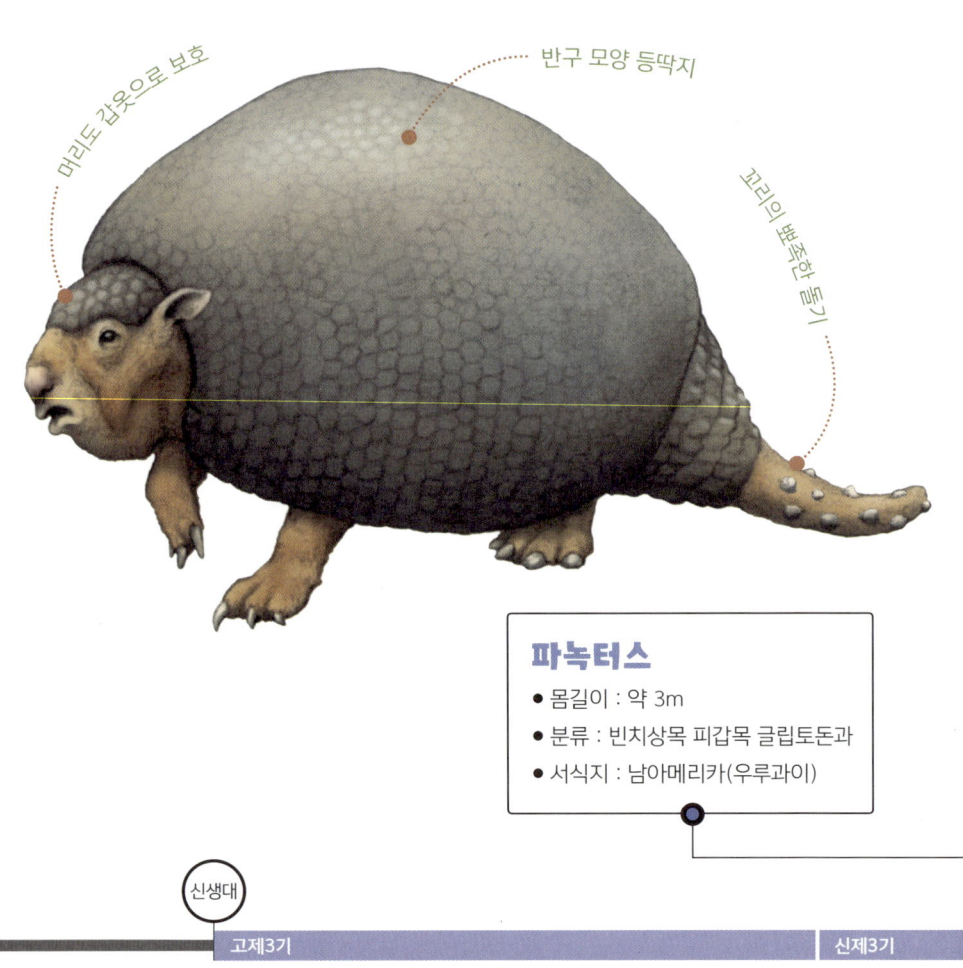

- 머리도 갑옷으로 보호
- 반구 모양 등딱지
- 꼬리의 뾰족한 돌기

파녹터스
- 몸길이 : 약 3m
- 분류 : 빈치상목 피갑목 글립토돈과
- 서식지 : 남아메리카(우루과이)

신생대 | 고제3기 | 신제3기

에 살았던 파녹터스는 아르마딜로와 가까운 관계입니다. 파녹터스는 반구 모양 등딱지를 온몸에 뒤집어쓴 몸길이 3m의 커다란 동물이었죠. 머리까지 딱딱한 갑옷을 뒤집어썼고 꼬리에도 딱딱한 돌기가 있어서 적에게서 몸을 지킬 수 있었습니다.

파녹터스보다 못하지만, 오늘날의 빈치상목에서는 꼬리까지의 길이가 약 1.5m에 이르는 왕아르마딜로가 제일 큽니다. 숲이나 사바나에 살며 물가를 좋아하는 동물이죠. 낮에는 힘센 앞다리에 있는 20cm의 기다란 발톱으로 구멍을 파고 들어가 지냅니다. 몸을 둥글게 오므리진 못하지만, 적에게 쫓기면 재빨리 땅굴을 파고 들어가 몸을 숨깁니다.

둥글게 오므리지 못하는 몸

낫 모양의 세 번째 앞 발톱 길이가 약 22cm

왕아르마딜로
- 몸길이 : 약 75cm~1m
- 분류 : 빈치상목 피갑목 왕아르마딜로속
- 서식지 : 남아메리카(아르헨티나, 파라과이)

궁금한 이야기 ❸
아프리카 대륙에서 퍼져 나간 동물 종류는?

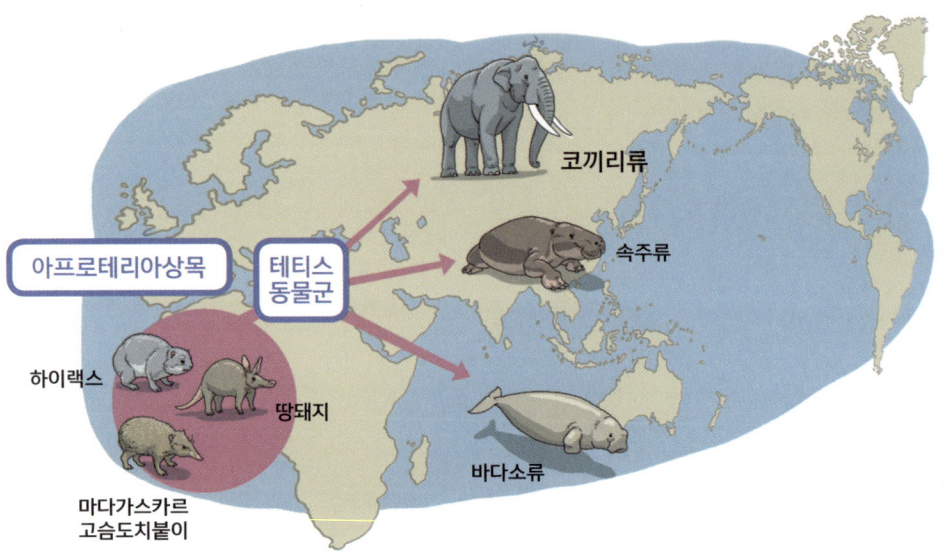

아프리카 대륙이나 마다가스카르에만 사는 땅돼지와 마다가스카르고슴도치붙이, 하이랙스와 같은 동물을 아는 사람은 많지 않다. 아프리카를 벗어나 다른 지역으로 이동한 적이 없는 이들은 아프리카 고유의 동물로 오늘에 이르렀다. 이와 달리 아프리카상목의 코끼리와 바다소 무리는 아프리카 대륙을 벗어나 세계로 뻗어 나갔다. 코끼리 무리는 아프리카 대륙에서 전 세계 곳곳으로, 듀공이나 매너티 등의 바다소 무리는 바다를 통해 세계 곳곳으로 진출했다. 다만, 초식 동물인 바다소 무리는 얕은 바다에 있는 식물을 좋아해서 먼바다로 진출하진 않았다. 이 외에도 전 세계로 나간 속주류 동물군이 있었다. 이들은 진화의 무대가 주로 테티스해 주변이어서 '테티스 동물군'으로도 불린다. 코끼리는 땅, 바다소는 물, 속주류는 땅과 물에서 번성했지만, 속주류만 약 1000만 년 전에 사라졌다. 대표적인 속주류 팔레오파라독시아와 데스모스틸루스는 하마와 강치를 합친 모습으로 복원되고 있다.

3장 코끼리와 나무늘보가 헤어진 사연은?

[진화 동물 QUIZ]

어떤 동물의 조상일까?

정답 → 다음 쪽에

메가테리움

이유가 있어서 진화했습니다

[정답]

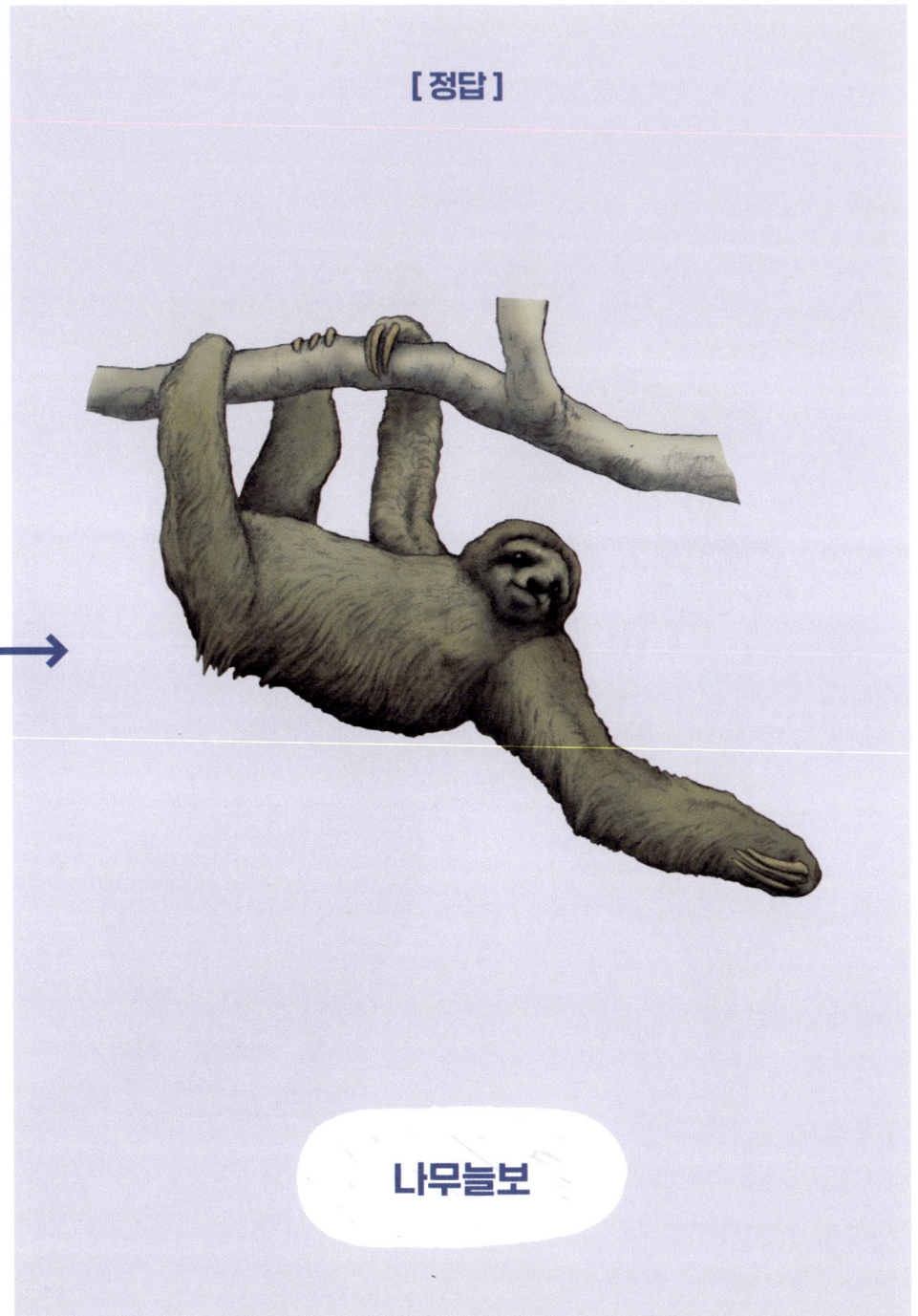

나무늘보

옛날에는?

메가테리움

- 몸길이: 약 5~6m
- 분류 : 빈치상목 유모목 메가테리움과
- 서식지 : 남아메리카, 북아메리카

메가테리움은 나무늘보의 조상에서 가장 오래된 종류입니다. 다 자라면 몸길이가 6m, 몸무게는 3t에 달했습니다. 몸이 크다 보니 나무가 아닌 땅에서 생활했죠. 두꺼운 꼬리는 두 다리로 일어설 때 몸을 받쳐 주었고 뒷발 안쪽에 갈고리처럼 생긴 발톱이 있었습니다. 움직임이 둔해서 빠르게 도망치지는 못했습니다. 대신 커다란 몸집과 피부 아래에 딱딱한 골판이 있어서 같은 시기에 살던 검치호랑이 등의 강력한 적에게서 몸을 지킬 수 있었습니다.

- 언제 살았을까?

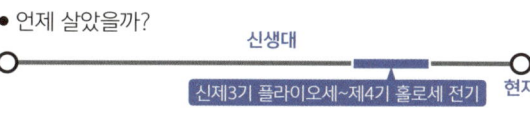

오늘날에는?

나무늘보

- 몸길이 : 약 60cm
- 분류 : 빈치상목 유모목 나무늘봇과
- 서식지 : 중앙아메리카에서 남아메리카에 이르는 밀림

등에 이끼가 낄 정도로 움직임이 느린 동물입니다. 덕분에 '늘보'라는 이름이 붙었죠. 다른 포유류 동물처럼 체온을 일정하게 유지하지 않는 변온 동물이라 에너지를 아끼며 생활합니다. 하루에 겨우 식물 8g 정도를 먹고도 살아갈 수 있습니다. 열대 숲에 사는 나무늘보는 평생을 나무 위에서 삽니다. 긴 발톱으로 나뭇가지에 매달려서 식사와 수면, 짝짓기와 출산까지 해결합니다.

- 언제 살았을까?

궁금한 이야기 ④
진수목과 유대목은 어떻게 다를까?

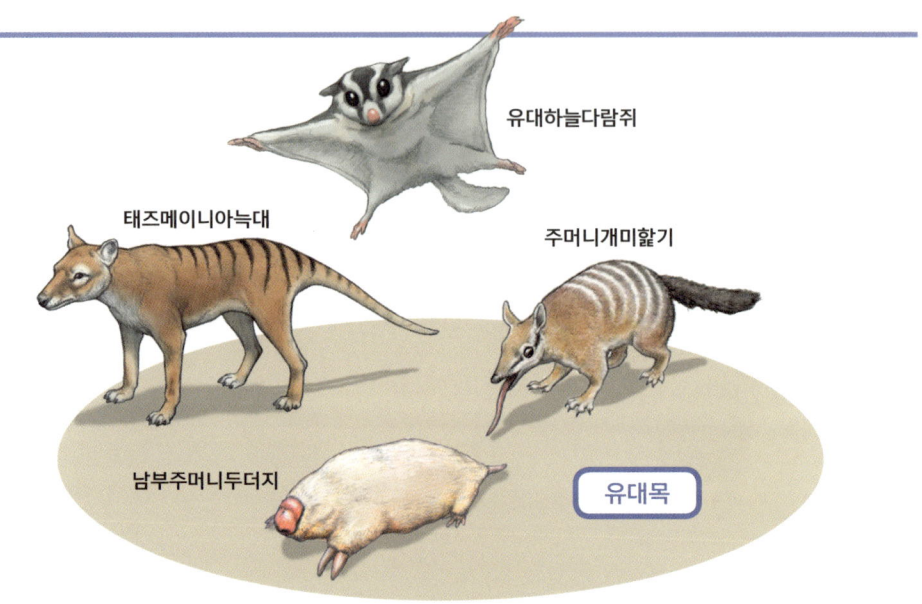

유대하늘다람쥐
태즈메이니아늑대
주머니개미핥기
남부주머니두더지
유대목

오늘날의 포유류는 대부분 진수목이지만, 포유류에 '유대목'이라는 커다란 동물군이 있다. 진수목과 유대목은 번식에 차이가 있다. 진수목은 먼저 수정란에서 분열을 반복한 세포가 아기로 성장하는 세포와 영양분을 주는 난황낭으로 나뉜다. 곧이어 난황낭이 없어지고 생긴 배 속 태반에서 엄마에게 영양분과 산소를 받아 자란다. 이와 달리 유대목은 태반이 생기지 않아 새끼가 다 자라지 않은 상태로 태어난다. 이후에 어미의 배에 달린 육아낭에서 모유를 먹으며 자란다. 이런 유대목의 번식법은 진수목보다 뒤떨어져 보이지만 임신 기간이 짧고 새끼를 육아낭에서 키우는 동안에도 임신할 수 있다는 장점이 있다. 먼 옛날 오스트레일리아에서 진수목과 유대목이 함께 살던 시대가 있었다. 진수목은 끝내 멸종했지만 유대목은 단기간에 새끼를 많이 낳는 번식법으로 살아남아 오스트레일리아 대륙에서 독자적으로 진화해 다양한 종류로 갈라졌다.

오늘날의 오스트레일리아에 사는 유대목은 다른 대륙에 사는 진수목과 닮은 점이 많다. 이를테면 유라시아와 북아메리카에 사는 날다람쥐가 오스트레일리아에 사는 유대하늘다람쥐와 비슷한 방식으로 살아간다. 그 밖에도 두더지와 닮은 남부주머니두더지, 개미핥기와 닮은 주머니개미핥기, 늑대와 닮은 멸종한 태즈메이니아늑대가 비슷한 방식으로 살아갔다. 진수목과 유대목처럼 다른 계통에서 갈라진 동물이 비슷한 환경에서 살며 비슷한 모습으로 진화하는 현상을 '수렴 진화'라고 한다.

진수목과 비슷하게 진화한 유대목도 있지만, 비슷하게 진화하지 못한 유대목도 있다. 바로 고래와 바다소 같은 수생 동물이다. 물속 생활에 유일하게 적응한 물주머니쥐가 있지만 평생을 물속에서 사는 완전한 유대목 동물은 없다. 그 예로 고래가 물속에서 낳은 새끼는 태어나자마자 수면까지 헤엄쳐 나와 스스로 허파 호흡을 해야 한다.

4
공룡은 멸종하지 않았다?

조류와 공룡, 파충류 이야기

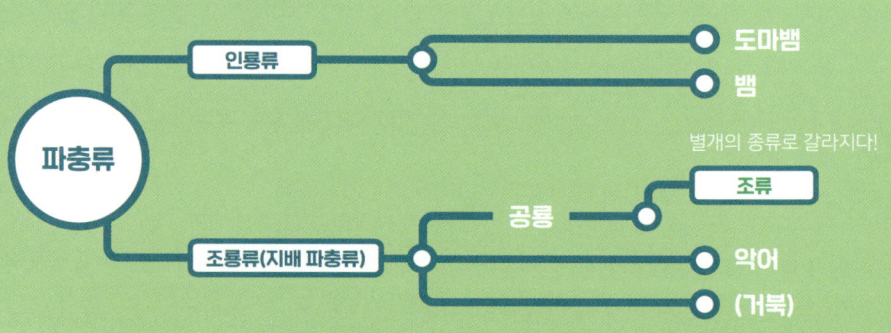

4장에서는 조류와 파충류를 살펴보려고 합니다. 오늘날의 파충류는 크게 도마뱀·뱀·거북·악어가 있습니다. 먼 옛날에는 이보다 더 많은 파충류가 있었습니다. 파충류는 크게 인룡류와 조룡류(지배 파충류)의 두 무리로 나뉩니다. 오늘날의 파충류에서 뱀과 도마뱀은 인룡류에, 악어는 조룡류에 들어갑니다. 정리하면 뱀과 도마뱀은 살아남은 인룡류, 악어도 살아남은 조룡류인 셈이죠. 이 조룡류에는 조류도 있습니다. 이는 악어가 같은 파충류인 뱀과 도마뱀보다 조류와 가깝다는 뜻입니다. 악어와 조류는 가까운 관계인데도 겉모습이 어째서 이토록 다를까요? 악어와 조류 사이에 '멸종한 공룡'이 있었기 때문입니다. 약 2억 3000만 년 전에 악어와 가까운 파충류에서 공룡이 나타났습니다. 그 후로 다양한 모습으로 진화한 육식 공룡의 한 무리에서

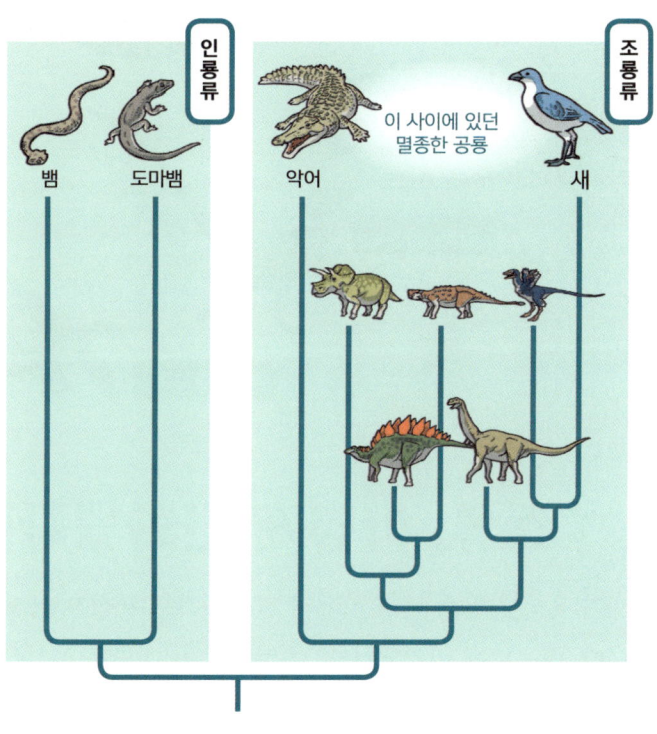

조류로 진화했죠. 공룡의 구성원이던 그 무렵의 조류는 1억 년 이상을 다른 공룡과 살았습니다. 그러다 지구에 커다란 운석이 떨어지면서 환경이 바뀌어 조류를 제외한 공룡이 사라지고 말았죠. 그 후에 공룡의 DNA를 잇는 조류가 널리 퍼져 나가서 오늘날 하늘을 누비고 있습니다.

새알이 있어서 진화했습니다

쥐라기 후기
시조새
진화 ①단계

백악기 후기
티라노사우루스
진화 ④단계

백악기 전기
진화 ②단계
시노사우롭테릭스
진화 ③단계
미크로랍토르
공자새

조류, 이렇게 진화했다!

새가 육식 공룡의 한 무리에서 진화했다는 사실은 확정된 설로 받아들여지고 있습니다. 1995년에 발견된 시노사우롭테릭스의 화석에서 등부터 꼬리까지 깃털 흔적이 확인되었습니다. 온몸이 털로 덮인 이 생물은 공룡과 조류가 가까운 관계라는 설을 뒷받침해 주었죠. 8000만 년 전에 살았던 오비랍토르가 둥지에서 알을 낳고 품었다는 사실을 짐작하게 하는 화석도 나왔습니다. 조류와 가장 가까운 미크로랍토르는 앞다리뿐만 아니라 뒷다리에도 날개가 있어 하늘을 날 수 있었습니다. 이들

● 언제 살았을까?

고생대   중생대   신생대
쥐라기 후기   현재

은 몸집이 작고 골격이 가벼운 코엘루로사우루스류 공룡이었습니다. 몸길이 12m, 무게가 6t에 이르는 티라노사우루스도 이 무리에 있었습니다. 가장 원시적인 티라노사우루스 무리에서도 몸집이 작고 깃털이 있는 종류가 있었습니다. 이로 인해 티라노사우루스의 새끼에게 깃털이 있었을지도 모른다는 의견이 나오기도 했습니다. 깃털이 있는 공룡 화석은 백악기의 지층에서 많이 발견됩니다. 가장 오래된 조류인 시조새는 쥐라기 후기에 나타났습니다. 턱에 난 이빨, 날개에 있는 갈고리발톱이 달린 발가락 셋, 기다란 꼬리 등이 공룡과 비슷했습니다. 백악기 후기에 환경이 바뀌며 공룡은 자취를 감췄고 날 수 있는 조류만이 살아남았습니다. 그리고 번식 상대를 찾아 사는 곳을 넓히며 오늘날까지 오랜 번영을 누리고 있죠.

나무와 나무 사이를 여기저기 날아다녀도 몸이 이리저리 치우치지 않아. 난 날개를 파닥이지 않아도 멋지게 날아다닐 수 있다고! 턱에 있는 날카로운 이빨과 무시무시한 갈고리발톱이 날개에 셋이나 있어서 누구도 날 쉽게 건드리지 못해!

갈고리발톱이 달린 발가락 3개

턱의 날카로운 이빨

날개가 달린 뒷다리

긴 꼬리

진화 ①단계

공룡과 조류를 잇는 시조새

4장 공룡은 멸종하지 않았다?

- **전체 길이** 약 50cm
- **분류** 수각아목 아르카이오프테릭스과
- **서식지** 유럽(독일)

조류는 육식 공룡의 한 무리에서 진화했다고 보고 있습니다. 오늘날에는 조류를 '시조새보다 진화한 공룡'으로 봅니다. 훌륭한 날개가 있으면서도 시조새가 날갯짓하지 못하고 나무 사이를 활공한 원시 새였다는 의견에 따른 것이죠. 시조새에게는 날갯짓하는 데 필요한 근육을 받쳐 주는 뼈, 용골 돌기가 없었습니다. 하지만 반고리관이 발달해서 하늘을 활강할 때 균형 감각은 뛰어났습니다. 시조새의 화석은 1861년에 독일의 쥐라기 후기 지층에서 최초로 발견되었습니다. 이후로 상태가 좋은 화석이 여러 개 나오고 있죠. "살아 있는 다양한 생물은 서로 연결 고리가 있으며 오랜 시간에 걸쳐 변화하여 탄생했다."라는 찰스 다윈의 진화론. 이 주장이 담긴 《종의 기원》은 시조새가 발견되기 전인 1859년에 발표되었습니다. 조류와 파충류의 특징이 있는 시조새의 발견은 이 진화론을 뒷받침하는 증거가 되었습니다.

- **언제 살았을까?**

쥐라기 후기 (약 1억 5000만 년 전)

고생대 — 중생대 — 신생대 — 현재

몸집이 유난히 작은 난 깃털이 없으면 살 수 없어. 몸을 따뜻하게 할 수가 없거든. 살아남는 데에도 도움을 주고 빛깔도 아름다운 내 깃털은 누구와도 절대 바꾸지 않아!

보온 효과가 있는 깃털

멜라닌 소체의 배열으로 드러난 줄무늬

진화 ②단계

상상을 뒤집은 깃털 공룡의 발견
시노사우롭테릭스

- **전체 길이** 약 1m
- **분류** 수각아목 콤프소그나투스과
- **서식지** 중국

1996년, 중국 랴오닝성에 있는 지층에서 시노사우롭테릭스의 화석이 나왔습니다. 이 화석에서 깃털의 흔적이 발견되어 공룡에게 깃털이 있었다는 사실을 확인할 수 있었습니다. 이를 시작으로 깃털이 있는 공룡의 화석이 계속 발견되어 '깃털 공룡'이라는 말이 당연하게 쓰이고 있습니다. 시노사우롭테릭스는 길이 5mm의 '원시 깃털'로 촘촘하게 덮여 있었습니다. 긴 꼬리를 포함해 전체 길이가 겨우 1m 정도로 몸집이 작았던 시노사우롭테릭스는 체온을 빼앗기지 않기 위해 깃털로 몸을 감쌌다고 짐작합니다. 시노사우롭테릭스의 깃털은 계속 연구되어 2010년에 멜라닌 색소를 만드는 멜라닌 소체가 확인되었습니다. 이때까지 공룡과 같은 고생물의 몸 색깔은 상상으로 그려졌습니다. 시노사우롭테릭스의 깃털 연구에서 확인한 멜라닌 소체의 모양과 분포를 오늘날의 동물과 비교한 덕분에 고생물의 몸 색깔을 짐작할 수 있었죠. 연구 결과 시노사우롭테릭스는 배 쪽이 밝은색, 등과 눈 주변은 어두운 주황색, 꼬리에는 줄무늬가 있었다는 사실이 밝혀졌습니다.

- **언제 살았을까?**

백악기 전기 (약 1억 2460~1억 2200만 년 전)

고생대 — 중생대 — 신생대 — 현재

비행하기 좋은 날개지!

날개가 넷 달린 공룡으로 가장 처음 알려졌다.

날개가 4개 달린 공룡에서는 내가 가장 먼저 알려졌어.
앞다리와 뒷다리에 있는 넓적하게 큰 날개 덕분에
오랫동안 하늘에 떠 있을 수 있지.

진화 ③단계

날개가 4개 달린 공룡 미크로랍토르

- 전체 길이: 약 80cm
- 분류: 수각아목 드로마에오사우루스과
- 서식지: 중국

새는 어떻게 하늘을 날게 되었을까요? 2003년, 시조새 이후로 미크로랍토르의 화석이 나오면서 중요한 사실이 알려졌습니다. 이 화석에서 오늘날의 조류로 이어지는 앞다리 비행용 날개와 함께 뒷다리 날갯깃이 확인된 겁니다. 정리하면 네 다리에 각각 날개가 있는 공룡이었죠. 미크로랍토르의 발견 이후에 안키오르니스와 창유랩터 등 4개의 날개가 있는 새로운 공룡들도 알려졌습니다. 미크로랍토르가 발견되고 얼마 지나지 않아 시조새와 관련한 또 다른 사실이 뒤늦게 밝혀졌습니다. 시조새의 뒷다리에도 깃털이 있었고 4개의 날개가 있었다는 점이 나온 것입니다. 날개가 4개인 모습은 이상하게 보이지만, 날기 시작한 초기 조류와 이와 비슷한 공룡에게는 이상한 모습이 아니었을지도 모릅니다. 미크로랍토르도 시조새처럼 날갯짓하는 데 필요한 근육을 받치는 뼈가 없었습니다. 대신 날개가 4개인 만큼 날개 면적이 넓어서 공중에 머무는 시간을 늘릴 수 있었죠.

- 언제 살았을까?

진화 ④단계

티라노사우루스

작은 깃털 공룡 무리에서 나온 최강의 공룡

- 전체 길이   약 12m
- 분류   수각아목 티라노사우루스과
- 서식지   북아메리카

깃털이 있는지 없는지를 두고 아직까지 토론 중!

무는 힘은 인도악어의 약 3.6배

공룡에서 난 '최강'이라고 알려져 있어. 뭐든지 갈기갈기 찢고 으깨 버리는 이빨에, 무는 힘도 어마어마하게 강해서 누구도 당해 낼 수 없지. 먹잇감의 냄새도 끝내주게 잘 맡아서 날 쉽게 벗어날 수는 없을걸?

4장 공룡은 멸종하지 않았다?

티라노사우루스는 백악기 후기에 살았던 육식 공룡입니다. 놀랍게도 소형 깃털 공룡 무리에 들어가는 이 공룡의 커다란 몸은 다른 형태로 진화했다는 사실을 알려 줍니다. '최강 공룡'으로 불리던 티라노사우루스는 대단한 육식 공룡이었습니다. 폭이 넓어지는 머리 뒤쪽에는 두껍게 발달한 턱 근육이 있었습니다. 이 근육에서 나오는 엄청난 힘으로 먹이를 물어뜯었죠. 무는 힘이 강하다는 인도악어는 그 힘이 16000N(뉴턴)입니다. 티라노사우루스는 이보다 훨씬 강한 57000N입니다. 두꺼운 몽둥이처럼 생긴 이빨은 사냥감의 뼈까지 으깨듯이 짓이겨 버렸습니다. 실제로 티라노사우루스의 배설물 화석에는 뼛조각이 많이 섞여 있었습니다. 이 밖에도 티라노사우루스의 뇌를 감싸는 뼈에서는 뇌의 크기와 어울리지 않게 냄새를 전하는 후구가 커다랗게 발달해 있었습니다. 덕분에 멀리 떨어져 있거나 숨어 있는 먹잇감을 쉽게 찾아낼 수 있었죠.

아주아주 커다란 몸집

● 언제 살았을까?

백악기 후기 (약 6800~6600만 년 전)

고생대 　 중생대 　 신생대 　 현재

지금까지 알을 훔쳐 먹는 그런 막돼먹은 생물로 날 봤단 말야? 이거 억울해서 가만히 있을 순 없겠군. 난 새끼가 있는 알을 품는 다정다감한 아빠라고! 내 뼈에 그 증거가 있다니까?

알껍데기를 깨서 먹었다는 오해를 부른 튼튼한 부리

이렇게 알을 품은 건 아닐까?

진화 ⑤단계

희대의 알 도둑, 사실은 육아 아빠? 오비랍토르

- 전체 길이   약 2m
- 분류   수각아목 오비랍토르과
- 서식지   몽골

오비랍토르는 '알 도둑'이란 뜻입니다. 알이 있는 둥지 근처에서 오비랍토르의 화석이 나와 이런 이름이 붙었습니다. 굵고 짧은 부리는 단단한 알껍데기를 깨기에 좋아서 다른 공룡의 알을 훔쳐 먹었다고 봤죠. 그런데 이런 연구를 뒤집는 화석이 나왔습니다. 1993년에 발견된 둥지의 알을 품고 있는 오비랍토르의 화석이었습니다. 화석의 알에는 부화 직전의 새끼 오비랍토르가 있었습니다. 이후 학자들은 연구를 통해 오비랍토르에게 새처럼 알을 품는 습성이 있다고 보고 있습니다. 또 알을 따뜻하게 품는 쪽이 수컷이었다는 사실도 밝혀졌습니다. 알을 낳으려면 알껍데기를 이루는 칼슘이 많이 필요합니다. 알을 낳을 때 암컷 조류의 뼈에는 칼슘을 모으는 골수골이 생깁니다. 알을 품고 있는 상태로 발견된 오비랍토르의 뼈에는 이 골수골이 없었습니다. 정리하면 수컷이 알을 품었다는 결론이 나오죠. 알을 품는 수컷은 오늘날의 조류에서도 찾아볼 수 있습니다. 에뮤나 화식조와 같은 새는 암컷이 알을 낳은 뒤에 수컷이 알을 품고 새끼를 돌보는 일을 맡습니다.

- 언제 살았을까?

백악기 후기 (약 8980~7060만 년 전)

고생대   중생대   신생대   현재

나처럼 알록달록 예쁜 몸 빛깔 본 적 있어? 사람들은 이 아름다운 푸른 빛깔 덕분에 보석 비취에 빗대서 '비취새'라고도 부른다며? 깨끗한 곳에서만 살아온 지 오래라 요즘처럼 더러워진 곳에서는 참 살기가 힘들어!

물속으로 돌진하기 좋은 뾰족한 부리

등 쪽은 코발트블루

배 쪽은 주황색

진화 ⑥단계

몸 빛깔이 멋진 물가의 아이돌 물총새

● 날개를 펼친 몸길이	약 25cm
● 분류	파랑새목 물총샛과
● 서식지	유럽, 아프리카 북부에서 인도, 동남아시아 전역

물총새는 유라시아 대륙 남부와 아프리카 북부, 동남아시아 등에 널리 퍼져 있는 새입니다. 강이나 연못 등의 물가에 주로 살고 있습니다. 이들은 날개와 등 쪽은 윤이 나는 푸른색에, 배 쪽은 선명한 주황색이 특징입니다. 물총새는 물고기와 물에 사는 곤충 그리고 갑각류를 좋아합니다. 물속이 내려다보이는 나뭇가지나 높은 곳에서 사냥감을 발견하면 총알처럼 뛰어들어 잡아먹습니다. 물총새의 부리는 공중에서 물속으로 뛰어들 때 저항 없이 들어갈 수 있도록 길고 뾰족합니다. 둥지는 쥐나 족제비와 같은 적이 다가오지 못하도록 모래밭이나 절벽에 가로로 길게 굴을 파서 만듭니다. 그리고 제법 깊은 굴 안쪽에 6~7개의 알을 낳죠. 예전에는 도시에서도 물총새를 자주 볼 수 있었습니다. 지금은 오염된 물이 잔뜩 흐르고 강변의 공사로 둥지가 있는 흙 절벽이 콘크리트에 막혀 물총새가 살 곳이 줄어들고 있습니다.

● 언제 살았을까?

고생대 — 중생대 — 신생대 — 현재

궁금한 이야기 ❺
강한 이빨이 있었지만 사라진 포유류

오늘날의 포유류에서 종류와 숫자로 바라봤을 때 가장 번성한 동물은 쥐 등의 설치목이다. 번식력이 뛰어난 쥐는 남극을 뺀 모든 대륙에 퍼져 있다. 이들은 숨어 들어간 배를 타고 전 세계의 모든 섬에 침입해서 생태계에 큰 영향을 끼친다. 설치목은 신생대의 에오세 시대에 나타났다.

비슷한 시기에 빠르게 세력이 약해져 멸망한 포유류가 있다. 바로 다구치류 동물이다. 다구치류는 태반이 있는 진수목과 유대목이 땅에 퍼지기 전 번성했던 포유류이다. 화석 기록에 따르면 진수목은 쥐라기 후기, 유대목은 백악기 중기에 나타났다.

땅에서 힘을 떨치던 공룡의 발밑 세계에서는 쥐를 닮은 다구치류가 그들 나름대로 엄청난 세력을 이루고 있었다. 이후에 나타난 진수목과 설치목이 경쟁 상대로 나타나며 설 자리를 잃었지만, 그전에는 북아메리카나 유럽을 중심으로 세계에 퍼져 있었다. 다구치류가 번성했던 비결은 당시의 진수목이나 유대목에게 없는 복잡한 이빨 덕분이다. 아래턱에 앞으로 길게 뻗은 앞니, 언덕처럼 낮은 돌기의 어금니도 몇 줄이나 나란히 있는 이빨의 구조가 '다구치'라는 이름의 유래가 되었다. 이들은 부채 모양의 날카롭고 큰 어금니로 단단한 씨앗이나 열매껍질을 먹을 수 있었다. 다구치류는 이빨 덕분에 무엇이든 먹어치워서 경쟁 상대였던 다른 포유류를 뛰어넘을 수 있었다.

펭귄의 옛날과 오늘날

이 동물 VS 저 동물

수영이 주특기인 펭귄은 조류이지만 날지 못합니다. 2500만 년 전에 살았던 펭귄과 동물 카이루쿠는 물고기를 잡아먹기 좋은 특징이 있었습니다. 1977년에 뉴질랜드의 남섬에서 처음으로 화석이 나온 뒤 골격 화석이 몇 개 더 발견되었습니다. 이를 바탕으로 복원하니 좁은 가슴 폭과 길쭉한

길고 뾰족한 부리

홀쭉한 몸

카이루쿠
- 어깨높이 : 약 1.3m
- 분류 : 펭귄목 펭귄과
- 서식지 : 뉴질랜드

날개, 뾰족한 부리가 있는 홀쭉한 모습이었습니다.

물고기와 오징어를 먹는 오늘날의 펭귄은 바닷속으로 잠수하는 실력이 뛰어납니다. 그중에서 킹펭귄은 수심 100~300m까지 잠수할 수 있죠. 펭귄들의 새끼는 집단 보육소인 크레시에서 2~3마리의 어른 펭귄에게 먹이를 받으며 1년 이상 길러집니다. 새끼의 위는 몸의 반 이상을 차지해서 잘 먹고 쑥쑥 자라 어른 펭귄과 비슷하게 성장합니다. 펭귄들은 몸에 지방이 모여 있어서 먹이가 적은 겨울의 추위와 굶주림도 쉽게 견뎌 낼 수 있습니다.

킹펭귄
- 어깨높이 : 약 90cm
- 분류 : 펭귄목 펭귄과
- 서식지 : 대서양 남부, 인도양 남부의 섬

비둘기의 옛날과 오늘날

주변에서 흔히 볼 수 있는 비둘기는 원래 유라시아 대륙과 북아프리카의 메마른 곳에서 살았습니다. 사람이 길들이기 쉬워서 식용이나 애완동물로 오랫동안 길렀죠. 귀소 본능이 뛰어나서 전서구로 쓰기도 했습니다. 이처럼 비둘기는 예부터 사람과 관계가 깊어서 오늘날에도 도시에서 살며 사

이 동물 VS 저 동물

퇴화해서 날 수 없는 날개

도도새
- 전체 길이 : 약 1m
- 분류 : 비둘기목 도도새과
- 서식지 : 모리셔스섬

중생대 | 트라이아스기 | 쥐라기 | 백악기

람과 가깝게 지냅니다.

사람 때문에 멸종에 이른 비둘기도 있었습니다. "도, 도." 하는 울음소리 때문에 '도도새'라 불린 새입니다. 이 새는 대항해 시대가 열린 1507년에 인도양 모리셔스섬에서 포르투갈인에게 발견되었습니다. 날개가 퇴화한 도도새는 천적이 없는 작은 섬에서 뒤뚱뒤뚱 다니며 느긋한 생활을 누려 왔습니다. 그러다 섬에 들어온 사람들에게 식용으로 마구 잡히거나 사람이 데리고 들어온 개와 쥐가 알을 훔쳐 먹는 비극을 마주해야 했습니다. 그리고 발견된 지 180년도 지나지 않아 사라지고 말았죠.

귀소 본능이 뛰어나다!

집비둘기
- 전체 길이 : 약 30cm
- 분류 : 비둘기목 비둘깃과
- 서식지 : 아시아·유럽·북아프리카

제4기(1681년 멸종) | 현 재

신생대 | 고제3기 | 신제3기 | 제4기

거북 종류, 이렇게 진화했다!

거북은 트라이아스기에 갑자기 나타났습니다. 거북의 기원은 오랫동안 수수께끼에 싸여 있었습니다. 최근까지 알려진 가장 오래된 거북은 2억 1000만 년 전의 프로가노켈리스였습니다. 원시적인 특징이 있었지만 오늘날의 거북과 비슷하게 생겼습니다. 2008년, 중국에서 프로가노켈리스보다 1000만 년 오래된 지층에서 배 쪽에만 딱지가 있는 오돈토켈리스의 화석이 나왔습니다. 2018년, 중국의 더 오래된 지층에서 딱지가 전혀 없는 에오린크오킬리스의 화석이 나와 거북의 기원을 정리할 수 있었죠. 등딱지에 머리와 발을 숨기는 오늘날의 거북은 1억 8000만 년 전

● 언제 살았을까?

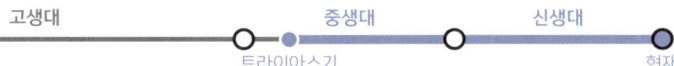
고생대 · 트라이아스기 · 중생대 · 신생대 · 현재

에 나타났습니다. 이들은 크게 '잠경아목'과 '곡경아목'으로 나뉩니다. 늪거북과 땅거북, 바다거북 등이 있는 잠경아목은 머리를 등딱지 안으로 똑바로 집어넣습니다. 백악기 후기에 살았던 아르켈론은 바다거북의 조상입니다. 앞 지느러미를 펼치면 폭이 5m에 이르며 거북에서 가장 컸다고 일컬어지죠. 피부로 된 등딱지가 있는 아르켈론과 가까운 종류인 오늘날의 장수거북도 탄력 있는 피부가 몸을 감싸고 있습니다. 오스트레일리아·남아메리카·아프리카의 남반구에만 사는 곡경아목은 긴 목을 옆으로 구부려서 등딱지 안으로 넣습니다. 여기에 속하는 뱀목거북은 특히 긴 목을 자랑하죠. 곡경아목에서도 몸길이가 가장 긴 스투펜데미스는 600~500만 년 전 남아메리카에 살았습니다. 최대 크기로는 등딱지의 길이가 2.4m, 목의 길이는 1m가 넘었다고 하네요.

새처럼 뾰족한 부리를 닮은 주둥이는 거북에서 내가 제일 먼저야. 주둥이에는 이빨도 있었어. 등에는 등딱지가 없었지. 이런 모습 때문에 거북인지 의심스럽겠지만 난 정말 걔네 조상이야. 내 화석이 발견된 덕분에 거북이 어떤 동물에서 진화했는지 밝혀지게 됐대!

원반 모양 몸통에 없던 등딱지

원시 거북에서 처음으로 부리가?!

진화 ①단계

등딱지가 없는 거북
에오린크오킬리스

- **전체 길이** 약 2.5m
- **분류** 파충강 판테스투디네스아목
- **서식지** 중국

에오린크오킬리스는 중국 남서부 구이저우성의 약 2억 3000만 년 전 지층에서 전신 골격 화석이 발견되었습니다. 초기에 나타난 거북류였기에 등딱지는 없었습니다. 원래 거북의 등딱지는 등뼈나 갈비뼈가 넓적하게 바뀌고 그 겉이 단단한 비늘판으로 덮인 독특한 구조입니다. 에오린크오킬리스는 갈비뼈가 넓고 편평해, 원반 같은 몸통에서 등딱지의 바탕이라 할 수 있는 뼈대가 이루어졌습니다. 오늘날의 거북에게 없는 이빨이 원시 거북인 에오린크오킬리스에게는 있었습니다. 또 새의 부리를 닮은 주둥이가 있었죠. 그래서 처음으로 부리가 발달해 '부리가 있는 최초의 거북'이라는 뜻이 이름에 담겨 있기도 합니다. 학자들은 거북의 조상이 약 2억 5000만 년 전에 다른 파충류에서 갈라져 나와 독자적으로 진화했다고 보고 있었습니다. 그 후에 나타난 초기 거북류 팝포켈리스와 오돈토켈리스 등은 등딱지가 없거나 불완전한 딱지가 있으며 부리도 없는 모습이었기 때문이죠. 그러다 등딱지로 진화하기 전 모습인 에오린크오킬리스의 화석이 발견되면서 거북의 기원을 정리해 연구하고 있습니다.

- **언제 살았을까?**

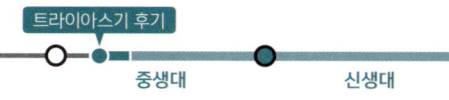

물에 사는 거북과 어울리지 않는 짧은 발가락은 대체?

입에는 부리 대신 이빨이 있었다!

배에 발달한 딱지

난 물에서 살았게, 땅에서 살았게? 너희에게 비밀 하나를 몰래 말해 줄 테니 잘 들어. 난 등이 아니라 배에 딱지가 있어! 헤엄치면서 적들에게 배를 공격당한 적이 종종 있거든. 나를 안전하게 지키려면 배에 무언가가 있어야 하지 않겠어?

진화 ②단계

거북인데 배딱지가? 오돈토켈리스

4장 공룡은 멸종하지 않았다?

- 전체 길이 약 40cm
- 분류 판테스투디네스아목 오돈토켈리스과
- 서식지 중국

약 2억 2000만 년 전에 살았던 몸에 딱지가 있는 원시 거북입니다. 거북딱지는 뼈가 넓적해지고 사이가 사라져서 이어진 모양입니다. 오돈토켈리스의 등은 넓적해진 뼈와 뼈 사이에 틈이 있어 불완전한 모양이었습니다. 배 쪽에는 배딱지가 있었죠. 그다지 배를 지킬 필요가 없는 동물, 이를테면 아르마딜로는 등에만 골판이 발달해 있습니다. 이렇게 생각해 보면 오돈토켈리스의 배딱지는 물속을 헤엄칠 때 아래쪽에서 다가오는 적의 공격을 막는 데 쓰였을지도 모르겠습니다. 그 옛날 바다였던 곳의 지층에서 나온 오돈토켈리스의 화석은 그들이 물속에서 살았다는 증거가 되어 주고 있습니다. 다만 오늘날의 바다거북이나 자라처럼 물속에서 생활하는 거북과 비교했을 때 몇 가지 의문이 들기도 합니다. 물에 사는 거북은 발이 지느러미로 바뀌거나 발가락 사이에 물갈퀴가 발달해서 발가락이 길죠. 또 먹이를 먹을 때 많은 물을 함께 먹기 위해 목구멍을 벌리는 근육을 받칠 설골이 커다랗습니다. 오돈토켈리스는 이러한 특징이 보이지 않아 땅에서 살았을지도 모른다는 의견이 있습니다.

● 언제 살았을까?

트라이아스기 후기

고생대   중생대   신생대   현재

나는 몸도 크지만 공룡만큼이나 턱의 힘이 강하고 부리가 뾰족해. 덕분에 암모나이트의 껍데기까지 남김없이 부숴서 먹어치울 수 있어. 그런데 난 바다에 사는 거북인데도 수영 실력은 영 꽝이란 말이지.

암모나이트의 껍데기를 부숴 먹은 뾰족한 부리와 강한 턱

앞 지느러미를 펼치면 폭이 5m나

진화 ③단계

가장 커다랗고 가장 강한 아르켈론

4장 공룡은 멸종하지 않았다?

- 전체 길이   약 4m
- 분류   거북목 프로토스테가과
- 서식지   북아메리카

약 7500만 년 전에 살았던 커다란 바다거북입니다. 전체 길이는 4m, 등딱지는 2.2m에, 앞 지느러미를 쫙 펼치면 가로의 폭이 약 5m에 이르렀습니다. 머리 부분만 무려 80cm였고 튀어나온 부리는 매와 독수리처럼 뾰족했습니다. 아르켈론은 이 부리와 강력한 턱의 힘으로 암모나이트를 껍데기째 씹어 먹었습니다. 이 생물의 화석이 나온 곳은 바다와 꽤 멀리 떨어진 내륙의 지층이었습니다. 아르켈론이 살던 시대는 해수면이 오늘날보다 훨씬 높아서 바다가 북아메리카 대륙을 동과 서로 나눠 버릴 정도였습니다. 이곳에서 모사사우루스류와 수장룡, 상어와 몸길이가 6m인 커다란 물고기 등 여러 해양 생물의 화석이 나오고 있죠. 아르켈론도 그중 하나였습니다. 더구나 아르켈론의 화석은 이곳 바다에서 생긴 지층에서만 나와서 이곳의 고유종으로 봅니다. 오늘날의 바다거북은 바다 곳곳에 살지만, 아르켈론은 먼바다를 오가지는 않았습니다.

● 언제 살았을까?

고생대 — 중생대 — [백악기 후기] — 신생대 — 현재 다른 거북들과 비교해도 나만큼 헤엄을 빠르게 잘 치는 거북은 없어. 이렇게 헤엄을 빠르게 칠 수 있는 비밀은 등에 7줄, 배에 5줄 있는 세로줄 덕분이야. 나와 함께 헤엄치고 싶으면 따뜻한 바다로 와.

등 쪽에 7줄, 배 쪽에 5줄 있는 세로줄

깊은 바다 속 잠수를 돕는 고무 같은 몸통

하루에 먹는 양은 해파리 100kg

진화 ④-1단계

빠르게 헤엄치고 깊이 잠수하는 장수거북

4장 공룡은 멸종하지 않았다?

- 등딱지의 길이 : 약 1.8m
- 분류 : 거북목 장수거북과
- 서식지 : 태평양·대서양·인도양·지중해

오늘날의 거북에서 가장 커다란 장수거북은 무게가 1t 가까이 나갑니다. 크기뿐만이 아니라 엄청나게 빠른 헤엄 속도도 또 다른 특징입니다. 매끈하고 뾰족한 원기둥 모양 등껍질에 7줄, 배 쪽에 5줄의 세로줄 '킬'이 있습니다. 이 세로줄이 물의 저항을 줄여 줘서 빠르게 헤엄칠 수 있죠. 바다거북에서도 가장 멀리 이동하는 장수거북은 이동 거리가 무려 수천 km에 이릅니다. 잠수 실력도 뛰어나서 수심 1000m까지 들어갈 수 있습니다. 딱딱한 등딱지 대신 고무처럼 탄력 있는 피부로 뒤덮인 몸통은 깊은 바다의 수압을 견딥니다. 영양가가 낮은 해파리가 먹이이지만 필요한 영양분을 양으로 채우려고 하루에 100kg이나 먹습니다. 장수거북과는 그 화석이 전 세계에서 나오고 있어서 1억 년이 넘는 역사를 지녔다고 봅니다. 오랜 시간 살아온 무리인 셈이죠. 오늘날에는 장수거북이 낳은 알의 남획과 바다에 떠다니는 쓰레기로 그 수가 점점 줄어들고 있습니다.

- 언제 살았을까?

고생대 — 중생대 — 신생대 — 현재

난 사는 곳에 맞춰서 모습을 바꿔 살아남았어. 지금 사는 곳은 하나의 섬이지만 섬마다 먹이나 환경이 다 달라. 어디는 풀이 높은 데 자라고 어디는 선인장만 있으니 먹고 살려면 내가 바뀌어야지 별수 있어? 이런 나를 보고 누군가 굉장한 이야기를 했다던데 대체 누구야?

세로줄이 없는 등딱지

무거운 등딱지를 받치는 굵은 다리

진화 ④-2단계

진화론에 영향을 준 갈라파고스땅거북

4장 공룡은 멸종하지 않았다?

- 등딱지의 길이 : 약 1.3m
- 분류 : 거북목 남생잇과
- 서식지 : 갈라파고스 제도

남아메리카 대륙에 사는 레드풋육지거북의 일종입니다. 이 거북은 남아메리카 대륙에서 서쪽으로 1000km나 떨어진 갈라파고스 제도에 살고 있습니다. 통나무 등에 실린 레드풋육지거북의 알이 페루 해류를 타고 흘러와 이곳에 살게 되었다고 짐작하고 있습니다. 이곳에서 독자적으로 진화한 종을 갈라파고스땅거북으로 보고 있죠. 갈라파고스땅거북이 육지 거북에서 가장 몸집이 커다란 데에는 적이나 먹이 경쟁이 적은 '섬'이라는 환경이 한몫했습니다. 여러 개의 섬으로 이루어진 갈라파고스 제도는 섬마다 환경이 다릅니다. 풀과 잎사귀, 선인장 등의 식물을 먹는 갈라파고스땅거북도 섬에 따라서 등딱지 모양이 다르죠. 풀이 많이 자라는 섬에서는 돔 모양, 길쭉한 선인장과 나무가 많은 섬에서는 목을 뻗어 올리기 쉽게 목 부분이 말려 올라간 등딱지가 그것입니다. 일찍이 갈라파고스 제도에 머물던 찰스 다윈은 환경에 따라 모습이 다양하게 달라지는 이 거북을 관찰했습니다. 이는 이후에 '진화론'을 주장하는 계기가 되었다고 하죠.

- 언제 살았을까?

고생대 — 중생대 — 신생대 — 현재

이유가 있어서 진화했습니다

트라이아스기

헤스페로수쿠스

진화 ①단계

진화 ④단계

스토마토수쿠스

쥐라기

메트리오린쿠스

진화 ②단계

진화 ③단계

카프로수쿠스

백악기

악어 종류, 이렇게 진화했다!

바깥 온도에 따라 체온이 바뀌는 악어는 추위에 적응하지 못해 따뜻한 물가처럼 정해진 곳에서만 삽니다. 지금보다 따뜻했던 중생대에 세계 곳곳에서 살던 악어는 생김새와 종류가 다양했습니다. 최초의 악어는 트라이아스기 후기에 나타났습니다. 2억 8000만 년 전에 나타난 헤스페로수쿠스는 머리만 악어처럼 생기고 늘씬한 두 다리로 땅을 가볍게 뛰어다녔습니다. 이렇게 땅에 적응한 종류 외에 쥐라기에는 메트리오린쿠스처럼 바다에 사는 악어가 있었습니다. 이들은 꼬리지느러미와

● 언제 살았을까?

고생대 　　　　중생대 　　　신생대
　　　　　　트라이아스기 　　　　　현재

배를 젓는 노처럼 생긴 발가락이 있었습니다. 오늘날의 악어는 물가로 물을 마시러 오는 동물을 공격해 먹는 육식 동물의 인상이 강합니다. 하지만 백악기에는 초식성 악어가 있었습니다. 시모수쿠스는 초식 공룡과 비슷한 이빨이 있었습니다. 아르마딜로와 닮은 아르마딜로수쿠스도 턱을 비벼서 식물을 으깨 먹었죠. 커다란 호수에서 산 스토마토수쿠스는 이빨이 퇴화해 작은 물고기나 플랑크톤을 물과 함께 삼키거나 걸러 먹었습니다. 이처럼 악어의 조상은 다양한 곳에 산 만큼 다양한 먹이를 먹었습니다. 먼 옛날, 땅과 바다에 사는 악어는 사라졌지만, 중생대 쥐라기에 나타난 물에 사는 악어가 오늘날까지 물가의 최고 포식자 자리를 지키고 있습니다.

악어가 아니라 공룡처럼 생겼다고? 날씬하고 긴 다리가 있는 내 모습을 보면 그럴 수밖에! 난 몸집이 작고 뼈 안이 비어서 날쌔게 달릴 수 있지. 물이 아닌 땅에서 살면서 재빠르게 움직였지만 나를 위협하는 녀석들이 너무 많아서 조심해야 했어.

몸집이 작아서 공룡의 먹잇감이었다!

늘씬하고 긴 뒷다리로 빠르게!

진화 ①단계

두 다리로 뛰어다닌 악어의 조상 헤스페로수쿠스

4장 공룡은 멸종하지 않았다?

- 전체 길이   약 1m
- 분류   파충강 악어상목
- 서식지   미국

오늘날의 악어로 이어지는 원시 악어입니다. 약 2억 2000만 년 전에 살았던 원시 악어의 조상이죠. 날렵한 몸과 두 발로 걸어 다닐 수 있는 길쭉한 뒷다리를 보면 악어와 닮은 곳은 한 군데도 찾기가 어렵습니다. 땅에서 지내던 헤스페로수쿠스는 공룡이 처음 나타나고 얼마 지나지 않았던 시대에 살았습니다. 이 무렵의 초기 공룡도 헤스페로수쿠스와 비슷하게 날쌘 공룡이 많았습니다. 코엘로피시스도 날쌘 공룡 가운데 하나입니다. 물론 헤스페로수쿠스보다 몸집이 컸지만 몸은 똑같이 날렵했죠. 코엘로피시스는 같은 종족을 잡아먹는다고 알려진 공룡이기도 합니다. 새끼를 잡아먹은 것으로 보이는 화석을 그 증거로 봤지만 코엘로피시스에게 잡아먹힌 생물은 새끼가 아니었습니다. 나중에 밝혀졌지만 헤스페로수쿠스였죠. 악어의 조상 헤스페로수쿠스는 당시 공룡들의 먹잇감이었을지도 모릅니다.

- 언제 살았을까?

트라이아스기 후기

고생대 — 중생대 — 신생대 — 현재

땅에 살던 녀석들은 참 바보야. 물속에서도 살 수 있는데 뭣 하러 적들이 많은 땅에서만 사냔 말이지. 난 몸이 유연해서 구불거리며 물속을 헤엄쳐 다녔어. 기다란 주둥이로 잽싸게 물고기와 암모나이트도 잡아먹고 말야.

비늘이 없는 등

초승달 모양의 지느러미로 변한 꼬리 끝

헤엄치기 좋게 지느러미로 바뀐 네 다리

진화 ②단계

바다를 구불구불 헤엄친 메트리오린쿠스

4장 공룡은 멸종하지 않았다?

- 전체 길이 약 3m
- 분류 파충강 탈라토수쿠스아목
- 서식지 유럽

약 1억 6000만 년 전에 바다로 진출한 악어입니다. 네 다리와 꼬리 끝은 지느러미로 바뀌었습니다. 다른 악어와 달리 등에 몸을 지키는 비늘판이 없었죠. 방어력은 떨어졌지만, 비스듬하게 둥그스름하고 부드러운 몸통을 구불거리며 물속을 헤엄쳐 다녔습니다. 물의 저항을 줄이는 길쭉한 주둥이로 주로 암모나이트와 커다란 물고기를 잽싸게 잡아먹었습니다. 이들은 물속에서 살다가 바다거북처럼 땅으로 올라와 알을 낳았습니다. 악어는 원래 헤스페로수쿠스처럼 몸통 아래쪽을 향한 다리로 걸어 다녔습니다. 즉 땅 위를 가볍게 걸어 다니는 파충류였죠. 바다에 사는 메트리오린쿠스가 나타난 시대에 오늘날의 악어처럼 물가를 기어 다니며 땅과 물속을 오가는 고니오폴리스류가 나타났습니다. 이 무렵부터 악어는 종류가 다양해졌고 바다와 물가 등으로 사는 곳을 넓혀 갔습니다.

● 언제 살았을까?

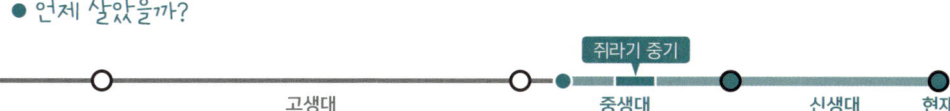

내 이빨은 하찮은 동물들을 잡아먹는 데 쓰이지 않아. 어마어마하게 큰 녀석들만 골라서 공격하는 데 쓴 진짜 사냥꾼의 이빨이지! 혹시 알아? 내가 공룡도 잡아먹었을지…….

앞을 향하고 있어서 사냥하기 좋은 눈

위턱에 3쌍, 아래턱에 2쌍 있는 커다란 어금니

진화 ③단계

카프로수쿠스

멧돼지 같은 어금니와
사냥꾼의 눈

4장 공룡은 멸종하지 않았다?

- 전체 길이   약 6m
- 분류   파충강 마하장가수쿠스과
- 서식지   아프리카

아프리카 니제르의 백악기 후기 지층에서 카프로수쿠스의 머리뼈가 나왔습니다. 길이 50cm의 머리뼈에는 위턱에 3쌍, 아래턱에 2쌍의 어금니가 솟아 있었습니다. 이런 모습이 멧돼지를 닮아서 '멧돼지악어'라는 뜻의 '보아크록'으로 불리기도 합니다. 카프로수쿠스는 대형동물의 두꺼운 피부를 뚫는 데 쓴 커다란 어금니가 무시무시한 포식자였습니다. 다른 악어와는 다르게 살짝 앞을 향한 눈구멍도 독특합니다. 이는 육식 동물처럼 앞쪽을 바라보았고 사냥감과의 거리를 재기 쉬운 입체시가 있었음을 보여 줍니다. 카프로수쿠스가 나온 지층에서 폭이 넓적한 주둥이가 있는 라가노수쿠스와 주둥이가 집오리의 부리처럼 생긴 아나토수쿠스 등 독특한 악어의 화석이 여럿 나왔습니다. 쥐라기에 물속에 적응한 메트리오린쿠스 등이 있었다면 백악기에 들어서면서 악어의 종류는 더 다양해졌습니다. 시모수쿠스 같은 초식성 악어와 아르마딜로처럼 몸통에 골판이 있는 아르마딜로수쿠스 등이 나타났던 것이죠.

- 언제 살았을까?

고생대 ─ 중생대 ─ **백악기 후기** ─ 신생대 ─ 현재

내 턱은 다른 악어와 조금 달라. 강하게 무는 이빨이 전혀 없거든. 이빨이 없어서 고기를 뜯어 먹지는 못했지만 넓적한 아래턱으로 물과 플랑크톤을 삼켜서 먹었지. 대체로 난 호수 근처에서 살았어.

위턱에만 있는 작은 이빨

펠리컨처럼 생긴 턱주머니로 물과 함께 플랑크톤을 꿀꺽!

진화 ④단계

플랑크톤을 먹는 악어 스토마토수쿠스

4장 공룡은 멸종하지 않았다?

- 전체 길이 : 약 10m
- 분류 : 파충강 스토마토수쿠스과
- 서식지 : 아프리카(이집트)

백악기에 들어서자 악어는 환경에 맞춰 다양하게 진화했습니다. 그중에서 스토마토수쿠스는 매우 특이하게 진화했습니다. 무는 힘이 매우 센 악어는 턱의 이빨이 강한 무기였지만 스토마토수쿠스는 이빨이 거의 퇴화한 모습이었죠. 위턱에는 얇은 원뿔형 이빨만 남았고 아래턱에는 이빨이 전혀 없었습니다. 오늘날의 악어와 비교해 볼 때 굉장히 특이한 모습입니다. 스토마토수쿠스는 아래턱에 수염이 있어 악어에서 유일하게 플랑크톤을 걸러 먹었습니다. 펠리컨처럼 커다란 아래턱의 주머니로 소금 호수에 있는 작은 갑각류와 작은 물고기를 물과 함께 삼켰습니다. 그런데 스토마토수쿠스의 화석은 지금 실물이 없습니다. 이집트에서 발견된, 눈썰매처럼 길고 편평한 머리뼈가 유일한 화석이었습니다. 이 머리뼈는 독일의 뮌헨 박물관에서 소장하고 있었지만, 제2차 세계 대전 중에 독일과 전쟁을 벌이던 연합군의 폭격으로 사라져 버렸죠. 결국 스토마토수쿠스는 수수께끼에 싸인 원시 악어가 되고 말았습니다.

- 언제 살았을까?

고생대 — 중생대 — **백악기 후기** — 신생대 — 현재

169

어이, 거기 너! 날 쳐다보는 눈이 맘에 안 들어. 조금만 더 거슬리면 확 잡아먹어 버릴 테니 조심하라고?
악어와 다른 파충류에서 난 가장 크고 성격도 나쁘지만 내 새끼에게만큼은 아주아주 사랑이 넘치는 악어야.

동물 중에서 무는 힘이 가장 세다!

진화 ⑤단계

무섭게 생겼어도 새끼 사랑은 1등
인도악어

- **전체 길이** 약 6m
- **분류** 악어목 크로커다일과
- **서식지** 동남아시아·오스트레일리아 북부

굽이진 맹그로브 숲이나 삼각주처럼 바닷물과 강물이 만나는 곳에 주로 사는 악어입니다. 바닷물에도 적응해서 해류를 타고 인도네시아의 섬 사이를 건너다닐 수 있습니다. 인도악어는 인도 남동부에서 오스트레일리아 북부까지 바다를 따라 널리 퍼져 있습니다. 인도악어에서도 커다란 녀석은 몸길이 6m, 무게는 1t에 이릅니다. 몸집이 크고 물어뜯는 힘도 모든 동물에서 가장 센 데다가 성격도 악어에서 가장 포악합니다. 사람을 공격해 먹기도 해서 두려운 악어이기도 하죠. 이런 무시무시한 특징과 다르게 파충류에서는 새끼를 끔찍이 보살핀다는 놀라운 특징이 있습니다. 번식기인 9~10월 즈음의 우기가 찾아오면 나뭇가지나 마른 잎, 진흙으로 탑처럼 쌓은 둥지에 알 40~60개를 낳습니다. 암컷 인도악어는 알이 부화할 때까지 둥지를 떠나지 않습니다. 알에서 나온 새끼를 입으로 물어 물가로 옮겨 주고 헤엄칠 수 있을 때까지 돌봐 주죠.

● 언제 살았을까?

고생대 — 중생대 — 신생대 — 현재

이 동물 VS 저 동물

거대 도마뱀의 옛날과 오늘날

모사사우루스는 중생대의 바다에서 최강 포식자였던 대형 파충류입니다. 코모도왕도마뱀 등과 가까운 종류이죠. 뱀처럼 길쭉한 몸, 지느러미로 바뀐 다리, 고래처럼 작아진 골반 등이 바다에서 살았다는 사실을 보여 줍니다. 모사사우루스는 자라면서 암모나이트를 잡아먹었지만, 다 자라면 바다에 사는 파충류를 공격해 먹기도 했습니다. 코모도왕도마뱀은 모사사우루스보다 훨씬 작지만, 오늘날의 도마뱀에서 가장 큽니다. 멧돼지와 사슴 등의 포유류를 잡아먹고 작은 코모도왕도마뱀을 공격하기도 합니다.

암모나이트를 먹었다!

모사사우루스
- 전체 길이 : 약 17m
- 분류 : 도마뱀아목 모사사우루스과
- 서식지 : 바다

중생대 | 트라이아스기 | 쥐라기 | 백악기

백악기

코모도왕도마뱀은 사냥법이 독특합니다. 한번 물린 먹잇감은 코모도왕도마뱀의 입과 침에 있는 병원균이 일으킨 염증 때문에 약해집니다. 코모도왕도마뱀은 이 틈을 타 먹잇감을 잡아먹죠. 이빨 사이에서 나오는 독으로 공격한다는 연구도 있습니다.

지느러미로 바뀐 다리

오늘날의 도마뱀에서 가장 몸집이 크다!

코모도왕도마뱀
- 전체 길이 : 약 2~3m
- 분류 : 도마뱀아목 왕도마뱀과
- 서식지 : 인도네시아의 코모도섬, 플로레스섬 등

4장 공룡은 멸종하지 않았다?

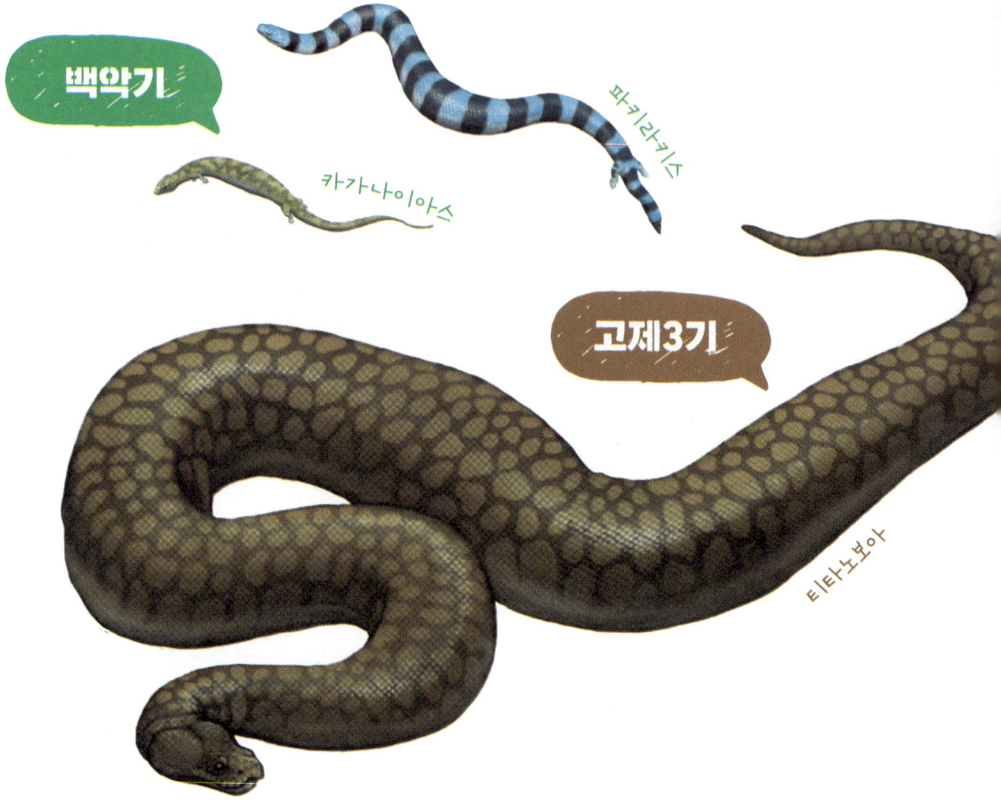

백악기

카가나이아스 파키라키스

고제3기

티타노보아

 뱀 종류, 이렇게 진화했다!

파충류는 모두 중생대 트라이아스기에 나타났습니다. 뱀은 도마뱀에서 갈라져 나왔다고 합니다. 뱀의 조상은 도마뱀의 몸통이 길어진 드리코사우루스류입니다. 9900만 년 전, 유럽의 여울에서 뱀이 처음 나타났다는 생각은 일본의 1억 3000만 년 전 지층에서 나온 드리코사우루스류의 화석으로 달라졌습니다. 바다가 아닌 강에 살았다고 확인되면서 기원의 무대도 바뀌었죠. 어느 쪽이든 물속으로 진출한 일

● 언제 살았을까?

부 도마뱀이 발을 퇴화시켜 헤엄치기 좋게 진화한 것을 뱀의 시작으로 봅니다. 오래된 뱀의 종류는 9500만 년 전의 얕은 바다에 살던 파키라키스입니다. 앞다리는 퇴화하고 작은 뒷다리가 있었죠. 몸길이가 13m인 커다란 뱀도 있었습니다. 6000만 년 전, 남아메리카에 살던 뱀 티타노보아는 몸통의 폭이 1m에 이르렀습니다. 자라면서 바깥 기온의 영향을 많이 받는 뱀은 기온이 높던 시대에 커다랗게 자랄 수 있었습니다. 오늘날의 뱀은 초원·숲속·사막·바다·강·땅처럼 여러 곳에서 삽니다. 또 독이 있는 파충류에서 99% 이상을 차지한다거나 먹이를 통째로 삼키는 등 독특한 점이 많죠.

5

물에서 살 것인가, 땅에서 살 것인가?

양서류와 어류 이야기

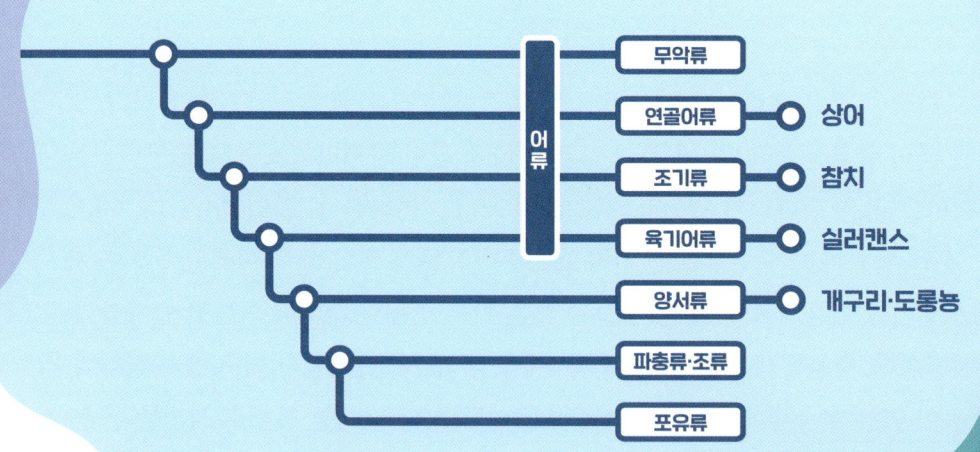

오늘날의 척추동물은 어류·양서류·파충류·조류·포유류로 나뉩니다. 자세히 들여다보면 어류는 3만 1000종, 양서류는 7000종, 파충류는 8700종, 조류는 1만 종 그리고 포유류는 5500종이 있습니다. 이들을 합치면 약 6만 2000종이 되는 척추동물에서 어류는 반을 차지합니다. 아주 먼 옛날에는 어류가 차지하는 비율이 훨씬 더 많았습니다. 고생대 데본기 무렵인 약 3억 7000만 년 전 처음으로 땅에 진출한 종류가 나타나기 전까지 어류만 있었습니다. 바다에서 처음 나타난 생명은 일부가 땅으로 올라와 다양한 종과 모습으로 퍼져 나갔죠. 척추동물은 물에서 살지, 땅에서 살지를 두고 반으로 나뉘었습니다. 앞다리와 뒷다리가 있는 네발 동물들은 파충류와 포유류 등으로 진화했습니다. 당시의 네발 동물은 아주 일부였고 물고기에서도 괴짜 같은 생물이었습니다. 다양한 환경이 있던 땅에서는 오랜 시간을 적응한 끝에 그만큼 다양한 동물이 나타났습니다. 그 결과, 지금은 다섯 종류의 척추동물을 각각 다른 무리로 봅니다. 이번 장에서는 땅과 물의 갈림길에서 진화한 어류와 최초의 네발 동물인 양서류를 살펴보려고 합니다.

양서류, 이렇게 진화했다!

어류의 지느러미가 다리로 바뀐 양서류는 척추동물에서 가장 먼저 땅으로 올라왔습니다. 그 첫 번째 주자인 익티오스테가는 몸통이 중력에 드러났기에 튼튼한 갈비뼈로 내장을 보호했습니다. 다만 7개나 되는 발가락과 지느러미가 달린 꼬리는 걸어 다니기에 좋지 않아 대부분 물속에서 살았고 가끔 땅 위로 올라왔습니다. 걸어 다니는 양서류는 3억 5000만 년 전에 나타나 땅을 터전으로 순식간에 번성했습

● 언제 살았을까?

니다. 이후로 다양한 양서류가 나타났죠. 등에 돛이 있는 플레티히스트릭스와 몸통이 골질로 덮인 펠토바트라쿠스가 나타났습니다. 악어가 없던 시대였지만, 악어와 비슷하게 생긴 커다란 프리오노수쿠스와 같은 양서류도 나타났습니다. 이들은 이빨 겉의 에나멜질이 복잡하게 접혀서 단면이 미로처럼 보여 '미치아강'으로 분류했습니다. 백악기에 사라진 미치아강과 다르게 오늘날의 개구리와 도롱뇽, 영원 등은 진양서아강으로 분류됩니다. 진양서아강은 개구리의 조상인 트리아도바트라쿠스가 살았던 트라이아스기에 나타났습니다. 오늘날, 7000여 종이 알려진 양서류는 최근에도 새로운 종이 발견되어 종류가 계속 늘고 있지만, 수가 줄고 있어 멸종 위기에 놓여 있죠.

이 동물 VS 저 동물

개구리의 옛날과 오늘날

약 2억 5000만 년 전에 살았던 양서류 트리아도바트라쿠스는 원시 양서류의 특징이 있으면서 오늘날의 개구리와 비슷하게 생겼습니다. 이는 원시 양서류에서 진화하는 과정의 모습이며 '개구리의 조상'이라고 여기는 이유이기도 합니다. 몸통은 약간 길고 개구리에게 없는 갈비뼈가 있었습니

갈비뼈가 있다!

헤엄치기 좋게 발달한 뒷다리

트리아도바트라쿠스
- 전체 길이 : 약 10cm
- 분류 : 무미목 프로토바트라쿠스과
- 서식지 : 아프리카(화석은 마다가스카르에서 발견)

중생대 | 트라이아스기 전기

트라이아스기 | 쥐라기 | 백악기

다. 뒷다리가 발달했지만 개구리처럼 뛰어오르지 못했고 헤엄칠 때 쓰였습니다. 뒷다리로 물살을 가르며 헤엄치는 동물은 개구리뿐이지만, 가장 오래된 개구리의 조상 트리아도바트라쿠스는 이미 개구리 특유의 수영법을 알고 있었습니다.

오늘날의 개구리는 튼튼한 뒷다리로 뛰어오르는 점프력과 울음소리가 특징입니다. 울음소리는 번식기에 수컷이 암컷을 유혹하거나 세력권을 나타내는 수단입니다. 울음소리가 큰 특징인 청개구리는 비가 내리기 전에 나무처럼 높은 곳에 올라가 울기도 합니다. 이는 달라진 기압을 빠르게 감지하기 때문이죠.

번식기나 세력권을 나타낼 때 외에도 비가 오기 전에 운다!

뛰어난 점프 실력

청개구리
- 전체 길이 : 약 2~4.5cm
- 분류 : 무미목 청개구릿과
- 서식지 : 한국·일본·중국 북부·러시아 동부

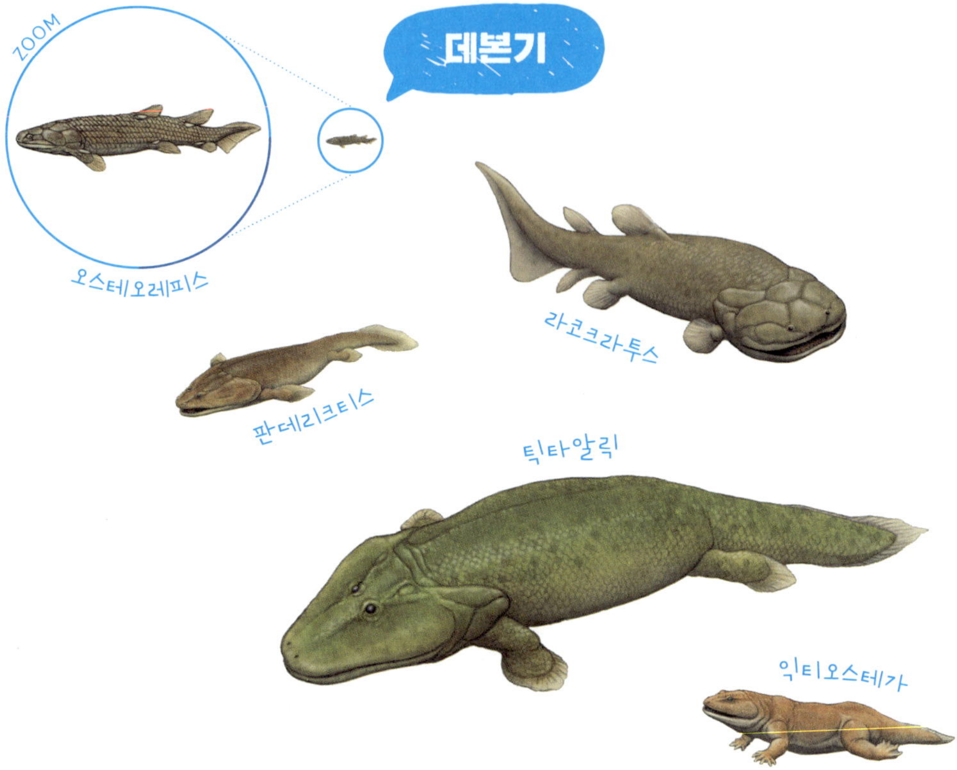

데본기

ZOOM
오스테오레피스

라코크라투스

판데리크티스

틱타알릭

익티오스테가

육기어류, 이렇게 진화했다!

튼튼한 다리로 땅에서 사는 네발 동물, 포유류·조류·파충류·양서류는 어류에서 진화했습니다. 어류와 네발 동물 사이에는 육기어류가 있었습니다. 실러캔스와 허파로 호흡하는 폐어가 대표적인 종이죠. 약 4억 년 전에 나타난 이 무리는 뼈와 근육으로 이루어진 지느러미가 있었습니다. 이 지느러미는 네발 동물의 다리가 되었습니다. 초기 육기어류로 알려진 생물은 오스테오레피스입니다. 이들은 물속에서 뼈

● 언제 살았을까?

뼉이 자란 식물을 헤치는 데 지느러미를 썼습니다. 이후에 나타난 판데리크티스는 편평하고 폭이 넓은 머리와 위쪽을 향한 눈이 양서류에 가까웠습니다. 3억 7500만 년 전에는 네발 동물과 가장 가까운 틱타알릭이 나타났습니다. 앞 지느러미에 팔꿈치와 손목 관절이 있었고 머리를 좌우로 움직일 수 있었습니다. 얕은 여울이나 민물에 살던 육기어류는 밀물과 썰물, 메마른 기후로 물이 마르자 땅으로 올라와야 했죠. 살아 있는 화석 실러캔스는 육기어류의 몸 구조를 한 어류입니다. 1938년에 발견된 뒤 1997년에는 또 다른 종류가 나타났습니다. 강과 호수, 얕은 바다에서 번성한 육기어류는 이제 실러캔스 2종과 민물에 사는 폐어 6종이 남았을 뿐입니다.

실러캔스의 옛날과 오늘날

마우소니아의 화석은 아프리카와 남아메리카에서 5종이 나왔습니다. 모로코의 백악기 전기 지층에서 나온 마우소니아는 실러캔스 종류에서 가장 크며 전체 길이가 무려 3.8m에 이릅니다. 오늘날의 실러캔스는 2m가 넘기도 합니다. 실러캔스는 '커다란 심해어'라는 인상이지만, 초기의 실러

아주 먼 옛날의 실러캔스치고 커다란 몸집

마우소니아
- 전체 길이 : 약 3.8m
- 분류 : 실러캔스목 마우소니아과
- 서식지 : 바다

고생대 | 캄브리아기 | 오르도비스기·실루리아기 | 데본기 | 석탄기 | 페름기

캔스는 금붕어나 붕어처럼 작은 물고기였습니다. 바다로 진출하면서 마우소니아처럼 커다란 종류가 나타났죠. 실러캔스에서 유일하게 살아남은 라티메리아과는 수심 150~700m에 삽니다. 처음에 화석으로만 알려진 실러캔스는 백악기 말에 사라졌다고 생각했습니다. 1938년에 남아프리카의 바다에서 살아 있는 채로 잡히자 전 세계는 놀랄 수밖에 없었습니다. 두꺼운 지느러미를 차례로 움직여 옆이나 뒤로 이동하고 머리를 아래쪽으로 향한 채 바다 밑에서 먹잇감을 찾는 모습이 실제로 관찰되었기 때문이죠.

지느러미를 앞뒤로 움직여서 옆이나 뒤로 이동할 수 있다!

라티메리아
- 전체 길이 : 약 1.5~2m
- 분류 : 실러캔스목 라티메리아과
- 서식지 : 심해

이빨이 있어서 진화했습니다

데본기
클라도셀라케
진화 ①단계

석탄기
아크모니스티온
진화 ②단계

페름기
헬리코프리온
진화 ③단계

백악기
힙보두스

 상어 종류, 이렇게 진화했다!

상어의 조상은 데본기 전기인 약 4억 년 전에 나타났습니다. 척추동물에서 가장 긴 역사가 있죠. 그중에서 가장 초기에 나타난 상어는 클라도셀라케입니다. 이들은 상어의 기본 특징인 유선형 몸과 발달한 지느러미가 있었습니다. 하지만 이빨은 심하게 닳아서 끝이 떨어진 부분이 많았습니다. 오늘날의 상어는 오래된 이빨이 새로운 이빨로 교체되지만, 클라도셀라케는 그렇지 못했습니다. 석탄기에 상어는 어류의 70%를 차지했고 모습도 다양했습니다. 아크모니스티온은 등지느러미

● 언제 살았을까?

에 멋진 장식이 달린 독특한 모습이었습니다. 지느러미 장식 외에도 치열이 독특한 종류도 있었습니다. 2억 5000만 년 전에 살았던 헬리코프리온은 나선형으로 말린 치열이 있었습니다. 뒤쪽에서 새로운 이빨이 계속 나와도 앞쪽에서 오래된 이빨이 빠지지 않아 나선형으로 말렸던 것이죠. 이렇게 독특한 고생대의 상어들은 중생대에 들어서면서 대부분이 사라졌습니다. 그중에서 살아남은 무리가 바로 히보두스류입니다. 이들은 중생대의 백악기까지 번성했으며 '현재 살아 있는 상어의 가까운 조상'이라고도 일컬어집니다. 오늘날에는 고생대 상어의 특징이 짙은 주름상어와 커다란 몸으로 플랑크톤을 잡아먹는 고래상어 등 다양한 상어가 넓은 바다에서 살아가고 있습니다.

뼈가 워낙 부드러워서 흔적이 잘 남지 않았을 텐데 날 어떻게 알아봤지? 그래도 내 모습에서 너희가 잘 아는 상어의 모습 보이지? 커다란 꼬리, 가슴과 등과 배에 있는 지느러미, 둥그런 몸으로 까마득히 먼 옛날의 넓은 바다 이곳저곳을 누비고 다녔어.

헤엄치기에 좋은 유선형 몸

발달한 지느러미

머리 앞쪽으로 벌어지는 입

5장 물에서 살 것인가, 땅에서 살 것인가?

진화 ①단계

수영 실력이 뛰어난 클라도셀라케

- **전체 길이** 약 2m
- **분류** 판새아강 클라도셀라케목
- **서식지** 아메리카

3억 7000만 년 전에 살았던 원시 상어 클라도셀라케는 가장 오래된 상어로 알려져 왔습니다. 정확히 분류되지 않았던 클라도셀라케에서 상어의 특징이 나와 최초의 상어로 보고 있습니다. 상어는 언제 처음 나타났는지 정확한 시기를 알 수 없습니다. 연골이 화석으로 남기 어렵기 때문이죠. 그렇다 해도 오늘날까지 4억 년 넘게 물속에서 오랫동안 살아왔다는 점은 분명합니다. 미국의 오하이오주와 펜실베이니아주에서 나온 클라도셀라케의 화석은 초기 상어류를 확인할 수 있는 대표적인 자료였습니다. 오늘날의 상어와 다르지 않으면서도 그 모습에서 입이 머리 앞쪽에 있는 등 여러 원시적인 특징을 찾을 수 있습니다. 유선형 몸통, 발달한 가슴지느러미, 배지느러미와 커다란 꼬리 등은 오늘날의 상어로 이어지는 특징입니다. 클라도셀라케는 데본기의 물고기에서 수영 실력이 뛰어났던 종으로 보입니다. 초기부터 이 특징을 유지한 덕분에 상어는 4억 년 동안 번영을 누리고 있는지도 모르겠습니다.

- **언제 살았을까?**

데본기 후기 (약 3억 7000만 년 전)

고생대   중생대   신생대   현재

땅에 사는 동물들은 이빨이 입에만 있다며? 내 이빨은 입에도 있고 등에도 있어. 먹을 때 말고 공격할 때도 이 이빨을 쓰거든! 내가 살던 시대에는 나 말고도 특이하게 생긴 상어들이 많았어.

사슬톱처럼 생긴 이빨이 강력한 무기!

등 위에 받침대처럼 솟은 독특한 구조물

진화 ②단계

등에도 이빨이 달렸다? 아크모니스티온

- **전체 길이** 약 70cm
- **분류** 판새아강 심모리움목 스테타칸투스과
- **서식지** 북아메리카, 유럽

데본기는 원시 상어가 나타나 '상어 시대의 막을 연 시기'라고 할 수 있습니다. 그 다음 시대인 석탄기에 들어서서는 '상어의 전성기'라는 말이 어울릴 만큼 상어가 번성했습니다. 특히 생김새가 다양해져서 개성 있는 상어류가 여럿 나타났습니다. 그중 하나가 아크모니스티온입니다. 가장 눈길을 끄는 특징은 머리 쪽과 가까운 등 위에 있는 받침대처럼 생긴 구조물입니다. 등지느러미가 바뀌어 생긴 이 부분에는 사슬톱처럼 생긴 이빨이 나란히 돋아 있었습니다. 원래 상어의 이빨은 연골어류 특유의 방패 비늘이 입으로 들어가 크고 딱딱하게 발달했습니다. 상아질과 에나멜질로 이루어진 이 비늘은 다른 물고기의 비늘과 성질이 완전히 다릅니다. 정리하면 상어의 몸은 얇은 이빨로 뒤덮인 셈이죠. 상어의 꺼끌꺼끌한 피부는 이 방패 비늘 때문이었습니다. 아크모니스티온은 방패 비늘이 입으로 들어가 이빨로 발달했고 등에서도 이빨처럼 커다랗게 발달했습니다. 이 부분으로 물고기 등의 먹잇감을 마구 찔러 잡아먹었다고 봅니다.

- **언제 살았을까?**

데본기 후기~석탄기 전기

고생대 　　　 중생대 　　 신생대 　　 현재

내 위턱에는 이빨이 없어. 아래턱에만 독특하게 늘어서 있지. 이렇게 늘어선 이빨이 있는 상어는 찾아보기 힘들걸? 내 이름에는 이런 이빨 모양 덕분에 '나선형'이라는 뜻이 담겼어.

이빨이 없는 위턱

아래턱의 이빨은 나선형

진화 ❸단계

이빨이 전기톱 모양? 헬리코프리온

5장 물에서 살 것인가, 땅에서 살 것인가?

- 전체 길이   약 3m
- 분류   연골어강 에우게네오두스목 헬리코프리온과
- 서식지   러시아·북아메리카·오스트레일리아·일본 등

상어는 화석으로 잘 남지 않아 화석 연구에서 큰 걸림돌이었습니다. 하지만, 딱딱한 이빨은 화석으로 자주 발견되고 있습니다. 덕분에 상어의 이빨은 많이 발굴되는 삼엽충과 암모나이트와 함께 '화석의 3대 보물'이라고 불리죠. 이빨 화석으로 널리 알려진 헬리코프리온은 신기한 치열 때문에 더 유명해졌습니다. 화석이 세계 곳곳에서 나왔지만 세 겹, 네 겹으로 말린 치열만 나와서 전체 모습과 치열이 턱의 어느 부분인지 짐작할 수 없었습니다. 복원도에서 헬리코프리온은 위턱 또는 아래턱 끝의 뒤집힌 부분에 치열이 달리거나 아크모니스티온처럼 등지느러미에 치열이 달리는 등 다양하게 묘사되었죠. 2013년, 미국의 아이다호주 자연사 박물관에서 뜻밖의 발견이 있었습니다. 소장한 헬리코프리온의 표본 위아래 턱에 뼈가 있었고 위턱에 이빨이 없지만 아래턱에 소용돌이 치열이 있다는 사실이 밝혀졌던 겁니다. 계속된 연구 끝에 위턱의 구조를 보고 마침내 헬리코프리온이 은상어의 일종임이 드러났습니다. 다만, 이 치열이 어떤 역할이었는지 아직 확인되지 않았죠.

- 언제 살았을까?

페름기 | 고생대 — 중생대 — 신생대 — 현재

'장어상어'라고도 불리는 기다란 몸통

얼굴 앞쪽으로 뻗어지는 입

아주아주 깊고 어두운 바다에 오면 날 만날 수 있어. 근데 내 모습이 요즘 상어 같지 않다고? 당연하지! 그래서 날 '원시 상어'라고도 불러. 내가 사는 곳은 환경이 심하게 바뀌지 않았거든. 게다가 깊은 바다에는 먹을 만한 먹잇감도 별로 없단 말이야. 굳이 진화할 필요가 있어?

진화 ④-1단계

깊은 바다 속의 살아 있는 화석 주름상어

- 전체 길이: 약 2m
- 분류: 판새아강 신락상어목 주름상엇과
- 서식지: 태평양과 대서양의 깊이 500~1000m인 심해

5장 물에서 살 것인가, 땅에서 살 것인가?

수심이 500m가 넘는 깊은 바다에 사는 상어입니다. 오늘날의 흔한 상어와는 달리 몸통이 뱀처럼 길어서 '장어상어'라는 별명도 있습니다. 또 짧고 둥근 코끝과 입이 앞쪽으로 벌어지는 얼굴 등이 클라도셀라케 같은 원시 상어와 비슷합니다.

주름상어가 사는 심해는 태양 빛이 닿지 않아 어두운 곳입니다. 또 수압이 높고 기온이 낮은 데다가 산소도 부족해서 생물이 살기 어렵습니다. 시대가 몇 번이나 바뀌어도 심해의 환경은 거의 바뀌지 않고 안정적이어서 여기에 적응한 실러캔스와 앵무조개에게는 살기 편할지도 모르겠습니다. 이 심해에는 거의 진화하지 않고 원시 모습이 있는 '살아 있는 화석' 같은 생물이 많습니다. 주름상어도 이중 하나이죠. 주름상어와 오늘날 다른 상어의 머리뼈를 비교해 보니 머리뼈와 위턱뼈 사이의 관절이 같다는 사실이 밝혀졌습니다. 그 결과 머리뼈를 잇는 위턱뼈의 돌기가 곱상어와 비슷해서 곱상어의 일종으로 보고 있습니다.

- 언제 살았을까?

고생대 — 중생대 — 신생대 — 현재

바다 여기저기를 헤엄치며 먹는 플랑크톤은 정말 맛있어! 다른 녀석들은 서로 먹이를 먹으려고 그렇게 싸운다는데 이해를 못 하겠어. 나처럼 플랑크톤만 먹으면 싸울 일이 뭐가 있어? 그저 입만 벌리고 있으면 물과 함께 먹이가 들어오는걸? 아가미가 먹이만 걸러 주니까 배가 불러서 성격이 나쁠 일도 없지.

등에 솟아 있는 융기선

플랑크톤과 함께 마신 바닷물을 내보내는 아가미

입을 벌린 채 헤엄치며 플랑크톤을 먹는다!

진화 ④-2단계

플랑크톤을 먹으며 유유히 헤엄치는 고래상어

5장 물에서 살 것인가, 땅에서 살 것인가?

- **전체 길이** 약 13m
- **분류** 판새아강 악상어목 고래상엇과
- **서식지** 전 세계의 따뜻한 바다

고래상어에서 가장 큰 녀석은 전체 길이가 20m, 무게는 수십 t에 이르기도 합니다. 오늘날의 어류에서 가장 커다란 몸집을 자랑하죠. 상어의 입은 대부분 머리 아래쪽으로 벌어지지만, 고래상어의 입은 옆으로 길게 벌어집니다. 또 이빨은 쌀알만큼 작습니다. 성격이 온순한 고래상어는 커다란 몸으로 헤엄치며 입을 벌린 채 물고기와 플랑크톤을 바닷물과 함께 삼킵니다. 그리고 아가미를 체처럼 써서 삼킨 바닷물을 내보내죠. 먹이를 걸러 먹는 방법은 수염고래처럼 커다란 해양 동물이 쓰는 방법입니다. 커다란 몸으로 큰 먹잇감을 쫓기보다 입을 벌리고 천천히 헤엄쳐서 플랑크톤을 많이 먹는 편이 고래상어에게는 더 효율적입니다. 고래상어는 똑같이 플랑크톤을 먹는 정어리 같은 작은 물고기 근처에 종종 모습을 드러냅니다.

- **언제 살았을까?**

고생대 — 중생대 — 신생대 — 현재

용어 설명

기타

DNA
생물에게 있는 유전 정보.

K/Pg 경계
중생대 백악기(영어 : Cretaceous/독일어 : Kreide)와 신생대 고제3기(Paleogene)의 경계를 나타내는 용어. 운석의 충돌로 일어난 대량 멸종으로 공룡 시대가 끝나고 포유류 시대가 시작되었다.

N(뉴턴)
힘을 나타내는 단위.

ㄱ

각룡
트리케라톱스처럼 뿔이 있는 공룡.

경골어류
단단한 뼈 골격을 가진 물고기 무리를 일컫는 말.

계통
여러 생물이 진화하여 온 순서와 그에 따라 나타나는 생물끼리의 관계.

고생대
지질 시대에서 가장 처음의 시대이다. 지금부터 약 5억 7000만 년 전~2억 4000만 년 전까지를 이른다. 고생대는 캄브리아기·오르도비스기·실루리아기·데본기·석탄기·페름기로 나눈다.

고생물
지구가 생긴 뒤 역사 이전 시대에 살았던 생물. 주로 화석으로 발견된다.

고유종
어느 한 지역에만 있는 생물의 종.

고제3기
지질 시대 중 백악기 이후부터 신제3기가 시작하는 때까지의 기간이다. 팔레오세(효신세)·에오세(시신세)·올리고세(점신세)로 나눈다.

곤드와나 대륙
오늘날의 남반구 땅 전체를 포함하던 과거의 대륙이다. 곤드와나 대륙에서 아프리카·호주·남아메리카·남극 등으로 분리된 것으로 보고 있다.

골질
동물의 뼈처럼 단단한 물질.

골판
동물의 뼈처럼 단단한 물질의 판.

광익류
실루리아기에서 석탄기에 걸쳐 살던 전갈 비슷한 바다의 절지동물.

귀소 본능
동물이 사는 곳이나, 알을 낳거나 새끼를 키우던 곳에서 멀리 떨어질 경우, 그곳으로 되돌아 오는 성질.

극어류
턱에 뼈가 있고 지느러미에 강한 가시가 있던 어류.

극피동물
몸의 겉부분이 가시가 있는 골판에 싸인 무척추동물이다.

기압
공기가 누르는 힘.

기원지
어떤 생물 집단이 가장 처음 나타났다고 추측하는 곳.

ㄴ

난류
저위도에서 고위도로 흐르는 따뜻한 바닷물의 흐름.

난황낭
한 달 정도 자란 어린 개체를 감싸는 얇은 주머니.

남획
짐승이나 물고기 등을 마구 잡는 일.
내륙
바다에서 멀리 떨어져 있는 땅.
농도
어떤 성질이나 성분이 들어 있는 정도.

ㄷ

다양성
모양·빛깔·양식 등이 여러 가지로 많아서 차이를 나타내는 것.
단궁류
척추동물에서 완전히 땅에 적응한 척추동물. 포유류의 조상과 오늘날의 포유류를 포함하는 무리이다.
대항해 시대
15~16세기에 걸쳐 유럽 사람들이 바다로 뱃길을 열거나 새로운 땅을 찾던 일이 활발하던 시대.

ㄹ

로라시아 대륙
중생대 말에 생겨난 대륙이다. 판게아 대륙이 남쪽과 북쪽으로 갈라졌을 때 북쪽 대륙을 이르는 말이다.
로렌시아 대륙
북아메리카·그린란드·시베리아 북동부 등을 포함한 지질 시대 대륙을 가리키는 말이다. 로라시아 대륙 이전에 판게아를 이루던 대륙이었다.

ㅁ

맹그로브
열대와 아열대의 갯벌이나 하구에서 자라는 식물의 집단.
멜라닌
자연계에서 흔히 발견되는 색소의 하나로, 흑갈색 또는 검은색을 띤다. 체온을 유지해 주며 멜라닌 양에 따라 피부색이 정해진다.
무미류
양서류에서 가장 번성한 종류로 짧은 머리와 몸통, 꼬리가 없어서 '무미류'라는 이름이 붙었다.
무족류
길쭉한 몸에 다리가 없는 동물 무리이다.
무척추동물
등뼈가 없는 동물 무리를 크게 일컫는 말.
밀렵
정당하지 못한 비밀스러운 사냥.

ㅂ

반룡류
고생대 후기에 번성한 종류로 등에 커다란 돛이 달린 디메트로돈이 대표적이다. 몇몇 종은 상당히 몸집이 컸다고 한다.
배변
대변을 몸 바깥으로 내보냄.
번식
생물의 수가 늘어나는 것. 동물에서는 짝짓기 외에도 출산과 육아 등을, 식물에서는 꽃가루받이·열매 맺기·씨 퍼뜨리기 등의 뜻이 들어 있다.
번영
한창 왕성하게 일어나 퍼짐.

변온 동물
체온을 조절하는 능력이 없어서 바깥 온도에 따라 체온이 바뀌는 동물.

복원도
없어진 건축물이나 물건, 생물 등을 원래 모습대로 다시 나타낸 그림.

분류군
생물들을 나누어 놓은 단위의 하나.

ㅅ

산지
땅에서 주변보다 수백 m 이상 높고 복잡한 높낮이를 가진 곳.

삼각주
강이 바다로 흘러가는 어귀에 강물에 실려 온 모래나 흙이 쌓여 삼각형 모양으로 이루어진 편평한 땅.

상아질
치아 대부분을 이루는 노란빛을 띤 흰색의 단단한 조직.

상판
산호의 몸에 있는 수평 모양 판.

상판산호
고생대에 번성한 상판이 잘 발달한 산호.

생물종
생명을 가지고 스스로 살아가는 모든 종.

생태
생물이 살아가는 모양이나 상태.

생태계
생물이 살아가는 세계.

세력권
동물이 다른 동물이나 무리의 침입을 허락하지 않는 곳.

속주류
바다에 살던 초식성 포유류.

수궁류
거대한 도마뱀처럼 생겼고 현생 포유류처럼 앞니, 송곳니, 어금니의 구조가 있었다. 몸통 아래 다리가 있어 다른 파충류보다 훨씬 효율적으로 움직였다고 한다.

수생 동물
바다·호수·하천·지구 등의 물에서 생활하는 동물.

수압
물이 물속에 있는 사물을 짓누르는 힘.

수장룡
중생대 때 물에서 살던 파충류. '장경룡'이라고도 하며 목이 길거나 짧은 종류가 있었다. 수장룡들은 대부분 목길이가 길었다.

수정란
정자와 난자가 합쳐진 것.

식용
먹을 것으로 쓰거나 먹는 데 쓰는 물건.

신생대
중생대에 이어지는 가장 새로운 지질 시대. 약 6500만 년 전부터 현재까지의 시대를 이른다. 신생대는 고제3기·신제3기·제4기로 나눈다.

신제3기
고제3기 이후의 기간이다. 마이오세(중신세), 플라이오세(선신세)로 나눈다.

ㅇ

야생종
산이나 들에서 자연적으로 태어나 살아가는 동식물 종류.

양수
태아를 둘러싸는 양막에 차 있는 액체. 태아를 보호하는 역할을 한다.

양치식물
꽃이 피지 않고 포자로 번식하는 원시적인 식물.

어룡
쥐라기부터 백악기에 걸쳐 바다에서 살던 동물. 겉모습은 고래와 돌고래를 닮았다.

에나멜질
잇몸 머리의 겉을 덮고 상아질을 보호하는 유백색의 반투명하고 단단한 물질로 이루어진 조직.

연체동물
뼈가 없고 몸이 부드러운 동물들을 이른다.

열대림
평균 기온이 20°C 이상인 숲. 식물의 종류가 다양하다.

염도
물에 녹아 있는 소금의 양.

염증
감염이나 상처가 생겼을 때 손상을 줄이고 다친 곳을 정상으로 되돌리려는 반응.

영구치
사람이 평생 쓰는 이. 한번 영구치가 나오면 그 이는 다시 새로 나오지 않는다.

우기
열대 지방에서 비가 많이 오는 계절.

원시적
시작한 상태 그대로 발달하지 않은 모습이나 상태.

원인
가장 원시적인 화석 인류를 통틀어 이르는 말.

유라메리카
오늘날의 북미와 유럽이 더해져 생긴 대륙.

유미류
길쭉한 몸에 크기가 비슷한 앞발과 뒷발이 달렸으며 피부가 젖어 있어 물속이나 물가에 사는 동물 무리이다.

유양막류
생물이 발생할 때 양막이 생기는 동물.

육아낭
새끼를 속에 넣고 기르는 몸의 일부에 생긴 주머니.

융기선
고래의 등에 높게 일어나 뜬 선.

입체시
조금 다른 시점에서 사물의 모습을 좌우의 눈으로 보는 것.

ㅈ

자포동물
민물과 바닷물에서 사는 동물로 운동성이 떨어져서 다른 곳에 붙거나 물에 떠다니며 생활한다.

전서구
방향 감각과 귀소 본능이 뛰어나고 장거리 비행을 잘 하는 비둘기의 습성을 이용해 통신용으로 훈련한 비둘기.

절지동물
무척추동물에서 몸이 딱딱한 골격으로 싸여 있고 몸과 다리에 마디가 있는 동물들을 이른다.

제4기
신제3기 이후의 기간이자 신생대 분류에서 마지막 시대이다. 플라이스토세(갱신세), 홀로세(완신세)로 나눈다.

제도
모든 섬 또는 여러 섬.

조기류
피부는 뼈와 같은 성질의 비늘로 이루어져 있고 머리 양쪽에 아가미를 보호하는 넓고 얇은 뼈로 된 판이 있는 물고기 종류.

종자식물
꽃이 피고 씨를 퍼뜨려 번식하는 식물.

중생대
지질 시대에서 고생대와 신생대 사이의 시대이다. 지금부터 약 2억 4500만 년 전~약 6500만 년 전까지이다. 중생대는 트라이아스기·쥐라기·백악기로 나눈다.

지배 파충류
악어, 공룡, 여러 낯선 집단을 포함하는 다양한 무리.

지협
커다란 육지 사이를 잇는 좁고 잘록한 땅.

진출
어떤 쪽으로 활동 범위나 세력을 넓혀 나아감.

질식
숨이 막히거나 산소가 부족하여 숨을 쉴 수 없음.

ㅊ

척추동물
등뼈가 있는 동물 무리를 크게 일컫는 말.

캄브리아 폭발
고생대 캄브리아기에 갑자기 다양한 동물이 나타난 현상. '캄브리아 대폭발'이라고도 한다.

ㅌ

태반
태아와 어미 사이에서 태아의 생존과 성장에 필요한 물질을 교환하는 곳.

ㅍ

판피류
턱에 뼈가 있고 몸 일부가 단단한 갑옷으로 덮여 있던 어류.

포식자
먹이 사슬에서 잡아먹는 쪽의 동물.

표본
생물의 몸 전체나 일부에 적당히 처리하여 보존한 것.

필석
고생대의 바닷속에 살던 풀잎처럼 생긴 동물의 화석.

ㅎ

해면동물
근육·신경계·소화계·배설계 구분이 없는 동물.

해수면
바닷물의 표면.

활강
비탈진 곳을 미끄러져 내려오거나 내려감.

활공
새가 날개를 움직이지 않고 날아다니는 것.

후구
후각을 담당하는 부위.

찾아보기

ㄱ

갈라파고스땅거북	149, 159
개미핥기	125
거북류	27
검은코뿔소	69, 79
고래상어	187, 197
고생대	15~19
곤드와나 대륙	15~17, 21, 67, 103
공자새	128
괭이상어	187
극피동물	26
기린	31, 41

ㄴ

나무늘보	103, 123
날다람쥐	125
남부주머니두더지	124
네오케라토두스	183
늑대	125

ㄷ

단봉낙타	43, 53
대왕판다	98~99
도도새	146
도마뱀류	27
두더지	26, 125
듀공	26, 117
디노테리움	104
땅돼지	26, 120

ㄹ

라코크라투스	182
라티메리아	183
로라시아 대륙	21, 67, 103
로렌시아 대륙	15~16

ㅁ

마다가스카르고슴도치붙이	120
마다가스카르잎코덩굴뱀	175
마우소니아	183~184
메가테리움	121, 123
메트리오린쿠스	160, 165
모사사우루스	172
무미류	27
무악류	27, 176
무족류	27
물총새	129, 141
미시시피악어	161
미치류	27
미크로랍토르	128, 135

ㅂ

바실로사우루스	54, 61
발티카 대륙	15~16
백상아리	187
뱀류	27
뱀목거북	149
범고래	54, 63
북태평양참고래	55
브라마테리움	30
브론토테룸	80

ㅅ

사모테리움	30, 35
사자	85, 95
살모사	175
상판산호	16
스밀로돈	84, 91
스테고돈	104, 111
스토마토수쿠스	160, 169
스투펜데미스	149
시노사우롭테릭스	128, 133
시모수쿠스	161
시바테리움	31, 37
시조새	128, 131
신생대	23~25
신테토케라스	42, 49
실러캔스	27, 176, 182, 184
쌍봉낙타	43

ㅇ

아노말로카리스	15
아르마딜로수쿠스	161
아르켈론	148, 155
아시아코끼리	105
아이피카멜루스	43, 51
아크모니스티온	186, 191
아프리카코끼리	105, 115
악어거북	149
악어류	27
알파카	43
암블로세투스	54, 59
에오린크오킬리스	148, 151
엘라스모테리움	69, 77

엠볼로테리움	80
연골어류	27, 176
연체동물	15, 26
오돈토켈리스	148, 153
오비랍토르	129, 139
오스테오레피스	182
오카피	31, 39
왕아르마딜로	119
요제파오르티가시아	100
유대하늘다람쥐	125
유미류	27
육기어류	27, 176, 182
익티오스테가	178
인도악어	161, 171
일본장수도롱뇽	179

ㅈ

자바코뿔소	69
자포동물	26
장수거북	149, 157
재규어	85
절지동물	26
조기류	27
조류	27, 127
주름상어	187, 195
주머니개미핥기	124
중생대	20~22
집비둘기	147

ㅊ

참매	129
청개구리	179, 181
치타	85, 93

ㅋ

카가나이아스	174
카이루쿠	144
카프로수쿠스	160, 167
카피바라	101
칼리코테리움	80
캄브리아기	15
코따오아시아꼬리무족영원	179
코모도왕도마뱀	173
코엘로돈타	69
쿠치케투스	54
크레트조이아크토스베아트릭스	97, 99
클라도셀라케	186, 189
클리마코케라스	30
킹코브라	175
킹펭귄	145

ㅌ

태즈메이니아늑대	124
털매머드	105, 113
텔레오케라스	68, 75
트리아도바트라쿠스	179
티라노사우루스	128, 136
티타노보아	174
티타노틸로푸스	42
틱타알릭	182

ㅍ

파녹터스	118
파라다이스나무뱀	175
파라케라테리움	68, 73
파키라키스	174
파키세투스	54, 57
판데리크티스	182
페조시렌	116
펠토바트라쿠스	178
포스파테리움	104, 107
포에브로테리움	42, 47
프로아일루루스	84, 87
프로틸로푸스	42, 45
프롤리비테리움	30, 33
프리오노수쿠스	178
프세우데루러스	84
플라티벨로돈	104, 109
플레티히스트릭스	178

ㅎ

하이랙스	120
해면동물	15, 26
향유고래	55, 65
헤스페로수쿠스	160, 163
헬리코프리온	186, 193
호랑이	85
호모테리움	84, 89
화식조	129
흰코뿔소	69, 79
히라코돈	68, 71
히라코테륨	81, 83
히보두스	186

NARABETE KURABERU ZETSUMETSUTO SHINKANO DOBUTSUSHI by Satoshi Kawasaki
Supervised by Yuri Kimura
Copyright © Satoshi Kawasaki, Bookman-sha 2019
All rights reserved.
Original Japanese edition published by BOOKMAN-SHA

Korean translation copyright © 2020 by Bomnamu Publishers (an imprint of Hansmedia Inc.)
This Korean edition published by arrangement with BOOKMAN-SHA
through HonnoKizuna, Inc., Tokyo, and Shinwon Agency Co.

이유가 있어서 진화했습니다

가와사키 사토시 지음 | 기무라 유리 감수 | 조민임 한국어판 감수 | 고경옥 옮김

2020년 1월 15일 초판 발행 | 2024년 8월 14일 4쇄 발행
펴낸이 김기옥 ● 펴낸곳 봄나무 ● 아동 본부장 박재성
디자인 나은민 ● 영업 서지운 ● 제작 김형식 ● 지원 고광현
등록 제313-2004-50호(2004년 2월 25일) ● 주소 121-839 서울시 마포구 양화로 11길 13(서교동, 강원빌딩 5층)
전화 02-325-6694 ● 팩스 02-707-0198 ● 이메일 info@hansmedia.com

도서주문 한즈미디어(주)
주소 _ 121-839 서울시 마포구 양화로 11길 13(서교동, 강원빌딩 5층)
전화 _ 02-707-0337 ● 팩스 _ 02-707-0198

ISBN 979-11-5613-136-6 73490

- 이 책 내용의 일부 또는 전부를 재사용하려면 반드시 저작권자와 봄나무 양측의 동의를 얻어야 합니다.
- 책값은 뒤표지에 나와 있습니다.
- 이 도서의 국립중앙도서관 출판예정도서목록(CIP)은 서지정보유통지원시스템 홈페이지(http://seoji.nl.go.kr)와
  국가자료종합목록 구축시스템(http://kolis-net.nl.go.kr)에서 이용하실 수 있습니다. (CIP제어번호 : CIP2019052245)
- 이 책에 나오는 동물들의 이름 및 지명들은 사전에 없을 경우 익숙한 표기로 맞추어 썼음을 밝힙니다.
- 이 책에 나오는 고생물은 아직까지 연구하고 있는 동물들이 많아 수치나 연도에 차이가 있을 수 있습니다.